KB193890

화엄경

다마키 고시로 지음 · 이원섭 옮김

현암사

華嚴經
by TAMAKI KOSHIRO

Copyright ⓒ 1965 TAMAKI KOSHIRO
Korean translation rights arranged with Chikuma Shobo Publishing Co., Ltd., Tokyo
through Japan UNI Agency, Inc., Tokyo and Korea Copyright Center, Inc., Seoul
This Korean edition published 2001 by Hyeonam Publishing Co, Seoul

화엄경

초판 1쇄 발행 ｜ 1976년 4월 5일
개정 1쇄 발행 ｜ 1991년 5월 15일
개정 2판 1쇄 발행 ｜ 2001년 4월 20일
개정 2판 10쇄 발행 ｜ 2022년 12월 15일

지은이 ｜ 다마키 고시로
옮긴이 ｜ 이원섭
펴낸이 ｜ 조미현

펴낸곳 ｜ (주)현암사
등록 ｜ 1951년 12월 24일 · 제10-126호
주소 ｜ 04029 서울시 마포구 동교로12안길 35
전화 ｜ 02-365-5051 · 팩스 ｜ 02-313-2729
전자우편 ｜ editor@hyeonamsa.com
홈페이지 ｜ www.hyeonamsa.com

ISBN 978-89-323-1101-2 03220

기예(技藝)에는 각기 기본이 되는 틀(型)이 있다. 이 틀을 수련하여 자기 것으로 만들어 감에 따라, 이윽고 자기의 기술이 생겨나서 무한한 응용이 가능해질 것이다.

『화엄경』은 대승 경전이 갖는 웅대한 세계관의 기본형이다. 예도를 끌어다가 말한다면, 그 틀을 잘 연구하여 끊임없이 자기 것으로 배워 간다면 머지않아 이 세계에서의 생활 방식에 대한 자각과 실천이 생길 것이다.

기예의 틀도 어려우나, 『화엄경』에 나타난 세계관의 기본형도 우선 그 모습을 포착하기가 매우 어렵다. 여기서는 그 모습을 경전의 본문을 따르면서 필자가 이해할 수 있는 한도에서 그려 보고자 애썼다.

『화엄경』에서는 세계관과 인생관이 표리 일체를 이루고 있다.

세계의 구조가 밝혀지면 인생을 어떻게 살 것인지는 저절로 정해진다.

가령 그 세계관의 기본형을 음악에 비유하여 말한다면, 이 세상의 모든 것이 참가하고 있는 영원의 대교향악이라고나 할까? 우리 한 사람 한 사람도 동물도 미생물도 산천도 초목도 그리고 국토 세계 그것까지도, 헤아릴 수도 없이 아득한 옛날부터 시작하여 지금 이 시간에도 역시 이 교향악을 계속 연주하여 멀리 미래에까지 미치려 하고 있다.

그러면 그 모티프는 무엇일까? 그것은 아주 가까운 일상 생활에서부터 끝없이 높고 먼 형이상의 영역에 이르기까지 모두가 하나의 커다란 세계를 이루고 있으며, 더욱 그것이 빛깔의 덩어리이며 깨달음 그것이라는 것을 호소하려 하고 있다는 점이다.

존재 하나하나가 모두 빠질 수 없는 악단원이며, 지휘봉을 휘두르는 보이지 않는 지휘자는 『화엄경』의 교주 비로자나불이다. '환희' 또는 '장엄'이라 이름할 수 있는 영원의 대교향악이라고나 할까?

그러나 이것은 역시 비유에 불과하다.

우리 함께 이 세계관의 진상을 밝혀 보자.

다마키 고시로(玉城康四郎)

1. 세계관

깨달음의 의미

 델포이(Delphoi)의 신전(神殿)에는 "너 스스로를 알라"고 하는 신탁(神託, oracle)이 걸려 있다. 이 신탁은 소크라테스의 심혼을 움직여, 그 후 오랫동안 서양 철학의 중심 테마가 되어 왔다. 특히 르네상스 이후의 근대 철학에서는 자기 스스로를 아는 일에 철학의 초섬이 놓여져 왔다고 할 수 있다.

 『화엄경』은 석존(釋尊)의 깨달음을 그대로 나타낸 경전이라고 일컬어진다. 그 깨달음이란 한 마디로 무엇인가? 이를 델포이의 신탁에 견주어 말한다면, 자기 스스로를 안다는 일이 무한하게 확대되어 세계가 세계 자신을 인식하는 일이라고 할 수 있을 것이다. 석존은 한 사람의 역사적 인물이었거니와, 그가 눈뜬 세계는 석존이라는 개인을 초월하고 포용하여, 한없는 세계가 한없이 깊은 광명에 의해 비쳐지고 구명된 것이라 할 수 있겠다. 그 한없는 세계의 실상(實相)은 『화엄경』의 내용이요 석존의 깨달음이며, 한없이 깊은 광명이란 『화엄경』의 중심인 부처 비로자나불(毘盧遮那佛)로서 영원의 부처, 곧 석존의 깨달음의 본체인 것이다. 비로자나불이란 바이로차나(Vairocana) 즉 광명의 부처라는 뜻이다.

그런데 한없는 세계란 무엇인가? 또 한없이 깊은 광명이란 무엇인가? 여기에는 이해하기 어려운 많은 문제가 포함되어 있다. 만약 우리가 석존의 깨달음의 세계를 엿보려 하면, 『화엄경』을 펼쳐 들고 몇 페이지 나가지 않아서 이내 책을 덮고 오직 탄식해야 할 것이다. 왜냐하면 이 경전이 대체 무엇을 그리려고 하는지 전혀 이해할 수 없기 때문이다.

그것은 마치 꿈 같고 환상 같아 망양하여 잡히는 데가 없다. 수많은 보살들이 교대로 나타나서는 부처의 세계에 대해 설하고, 중생의 실상을 보이고, 보살이 행해야 될 실천을 밝힌다. 그러나 결국 무엇을 나타내려 하는가, 그 진의는 막연하기만 하다. 석존의 제자 중에 지혜 제일의 사리불(舍利弗)[1]과 신통 제일의 목련(目連)[2]이 있다. 이 두 사람은 『화엄경』을 설하는 자리에 있었으나, 마치 귀머거리인 듯 벙어리인 듯 아무것도 이해하지 못했다고 전한다. 이것이 역사적 사실인지 어떤지는 의심스러우

---

1) 처음에는 외도(外道)를 섬겼으나, 뒤에 석존에 귀의하여 지혜 제일이라는 칭송을 들었다. 사실상 석존의 제자 중에서 제일인자였다.
2) 석존의 십대 제자 중의 한 사람으로서 신통 제일로 알려졌다. 여러 고장을 다니면서 포교에 힘썼다.

나, 아마도 『화엄경』의 난해함을 상징적으로 표현한 것일 터이다. 어쨌든 석존의 일급 제자들로서도 전혀 이해하지 못했다고 전해질 정도의 경전이다.

그러면 대체 무엇이 이렇게 『화엄경』의 이해를 곤란하게 만들고 있는 것일까? 부처가 눈뜬 세계란 우리에게 이리도 어려운 것일까?

그러기에 우리는 원시 경전에 나타나 있는 바, 깨닫고 난 직후 석존이 주저하는 장면을 상기해 보자. 석존은 보리수 밑에서 대오(大悟)한 다음, 약 한 달 동안 선정(禪定)[3]에 들어 깨달음의 내용을 관찰하셨다. 그리고 세상 사람들은 도저히 이 진리를 이해할 수 없을 것이라 생각하여 그대로 침묵하려고 작정하셨다. 그 이유는 이렇다.

"내가 깨달은 진리는 매우 깊어서 이해하기 어렵다. 적정(寂靜)·미묘하여서 분별의 세계를 초월하고 있다. 그런데 세상 사람들은 아라야(ālaya)를 좋아하고 아라야를 즐기고 있다. 그런 사람들에게는 연기(緣起)[4]의 도리가 이해되지 않는다. 번뇌가 소멸한 열반(涅槃)[5]의 세계도 이해되지 않는다. 비록 내가 설법한대도, 나는 오직 지쳐 버릴 뿐이리라." (『律藏』大品)

---

3) 마음을 집중하여 어지럽지 않게 함. 여섯 바라밀의 하나.
4) 불교의 기본적 교리. 모든 존재는 그 자체로서 존재하는 것이 아니라, 어떤 조건(인연)에 의해 잠시 그런 상태를 나타내고 있을 뿐이어서 고집할 아무것도 없다는 이치이다.
5) nirvāṇa. 모든 번뇌에서 벗어나 생사를 초월한 경지. 불교에서 이상으로 치는 것.

이때 범천(梵天)[6]의 권유에 따라, 마침내 석존은 설법하고자 산에서 내려오시거니와, 그러나 이 글에 나타나듯이 석존의 마음속에 떠올랐던 이런 생각은 우리가 부처님의 세계를 이해하기가 얼마나 어려운지를 여실히 보여 준다고 할 수 있을 것이다.

깨달음의 세계와 우리의 현실은 그 근거로 삼고 있는 입장이 정반대라고 할 수 있다. 우리의 현실은 아까 인용문에도 나오듯이, 아라야를 좋아하고 아라야를 즐기고 있다. 아라야는 후일 대승 불교의 유식(唯識)[7] 사상 중에서 이른바 아라야식(阿賴耶識)[8]이라 하여 인간 의식의 근원을 가리키는 깊은 뜻을 지니게 되거니와, 여기서는 단순히 자아라는 정도의 뜻일 것이다. 결국 우리는 자아를 좋아하고 자아를 즐기는 것이다. 이것이 우리의 기본적인 현실이다. 무엇을 하는 데도, 무엇을 생각하는 데도, 거기에는 언제나 자아 관념이 가로놓여 있으며, 자아가 모든 사유·행동의 기반이 되고 있다. 독일의 대철학자 칸트는 자아 의식이 모든 사유의 기반임을 엄밀한 철학의 구성 속에서 논증하고 있거니와, 이런 사실은 우리의 일상적 경험 중에서도 인정될 것이다.

그런데 부처님의 깨달음은 이러한 자아 관념의 입장이 초극된 세계이다. 따라서 거기서는 자아라는 마지막 둑이 무너져 버렸

---

6) 색계 초선천의 임금.
7) 만유는 오로지 아라야식에 의해 연기된 것이라고 주장하는 이론. 이것을 숭상하는 종파를 유식종 또는 법상종(法相宗)이라 한다.
8) 팔식의 하나. 여러 가지 설이 있으나, 대체로 참되고 영원하고 물들지 않으며, 이것이 나타나서 만유가 된다고 생각했다.

기 때문에 부처님은 한없는 목숨, 한없는 빛 속에서 살아가고 있다. 이 한없는 목숨, 한없는 빛이 그대로 부처님의 세계이며 부처님 자체인 것이다. 깨달은 사람 자신의 본성과 깨달은 사람을 통해 살아가는 세계는 동일하다고 할 수 있다. 바꾸어 말하면 깨달은 사람 자체가 부처님이라고도 할 수 있고, 깨달은 사람은 부처님의 세계에서 살아간다고도 할 수 있다.

이리하여 자아 관념에 서 있는 우리의 현실과 자아가 초극되어 있는 깨달음은 전혀 성질을 달리하며 세계를 달리하고 있는 것이다. 그러므로 우리가 자아의 관념을 근거로 삼고 있는 한, 깨달음의 세계는 우리와 인연이 없다. 석존이 아라야를 좋아하고 아라야를 즐기는 사람들에게 설법해 본댔자 오직 지쳐 버릴 뿐일 것이라고 말씀한 까닭도 여기에 있다.

비베 카난다는 근대 인도가 낳은 뛰어난 철학자이다. 깊은 예지와 풍부한 신앙과 강인한 실천력을 갖춘 천재적 인물이었으나, 겨우 서른 아홉 살로 세상을 떠났다. 오카쿠라 덴싱(岡倉天心)은 불교학자 오다 도쿠노(織田得能)와 함께 비베 카난다를 초청하고자 일부러 인도를 찾아갔지만, 그때 이미 그는 건강이 아주 나빴기 때문에 그런 제의에 응할 수가 없었다. 그는 서른 살 때, 시카고의 세계 종교 대회에 참석하여 다음과 같은 강연을 한 일이 있다. 그것은 우리도 잘 아는 우물 안 개구리 이야기이다.

A라는 개구리가 어떤 우물 속에서 깨어나고 자라서, 거기에

서 오랫동안 살고 있었다. 어느 날 바다에서 살던 다른 개구리
B가 육지에 기어 올라왔다가 그 우물에 빠졌다.

A : "너는 어디로부터 왔지?"

B : "바다에서."

A : "바다는 얼마나 크냐. 이 우물과 같으냐?"

B : "이런 좁은 우물과 어떻게 비교한단 말이냐?"

A : "이 우물보다 더 큰 데가 있을 턱이 없다. 이 거짓말쟁이
녀석, 어서 썩 못 나가!"

나는 힌두교도이다. 나는 나의 조그만 우물 속에서 살면서 이
우물이 전 세계라 생각하고 있다. 기독교도도 이슬람교도도 불
교도도 각각 같은 심경일 것이다. 우리는 서로 흉금을 털어 놓
고 이야기를 주고받음으로써 더욱 광대한 종교의 대해가 있음
을 알아야 한다.

비베 카난다는 이 강연을 하면서 각자의 종교 세계를 각자의
우물에 비유했다. 이 비유를 빌려서 말한다면, 우리 또한 각자의
자아 관념이라는 우물 속에서 살고 있다고 할 수 있겠다. 그리고
이 자아라는 우물 속의 거처를 유일한 세계라 여기고 있는 것이
다. 이에 대해 깨달음의 세계는 끝 모르는 큰 바다이다. 자아 관
념에 얽매여 우물 속을 유일한 세계라 여기고 있는 이로서는 깨
달음의 망망 대해란 상상조차도 할 수 없는 경지이리라.

그런데『화엄경』의 난해함은 이 정도에 그치지 않는다. 자아의 입장에 매여 있는 사람이 자아를 넘어선 깨달음의 세계를 이해하기 어렵다는 것만이 아니다.『화엄경』의 설법은 그것을 듣는 사람으로 하여금 이해하도록 하려는 배려가 거의 무시되어 있다. 오직 한결같이 깨달음의 세계를 깨달음 그대로 말해 갈 따름이다. 말을 바꾸면 그 설법이란 깨달음으로부터 중생을 향하고 있는 것이 아니라, 깨달음에서 깨달음으로 그것이 발산하는 광명이 미치는 한도껏 망망 대해의 저 끝까지도 밝히려 들고 있는 듯한 느낌을 준다.

크나큰 통일

　앞서 델포이의 신전에 걸린 "너 스스로를 알라"는 신탁에 견주어 『화엄경』의 깨달음은 세계가 세계 자신을 아는 일이라고 했다.

　그러면 세계가 세계 자신을 안다는 것은 대체 무엇을 말할까? 자기가 자기 자신을 안다 함은 자기 체질·기질·성격·인간성·인격 같은 것을 아는 일이기도 하려니와, 끝내는 자기 본성(本性)을 아는 것을 목표로 하고 있다. 자기 본성을 안다는 것은 인도 사상에서 종교의 이상이며 해탈이며 열반이다. 따라서 자기가 자기 자신을 안다는 것은 그것에 철저하기만 한다면, 오직 그것만으로도 충분히 종교적인 것이라고 할 수 있겠다.

　그러나 『화엄경』의 세계는 자기가 자기를 아는 것뿐 아니라 세계를 아는 것이다. 자기가 세계를 아는 것뿐이 아니라 세계가 세계를 아는 것이다. 또 다만 아는 것에 그치는 것이 아니다. 실천을 통해서 세계의 실상(實相)을 실현하는 것이다. 여기에 『화엄경』의 본뜻이 있고 어려움이 있으며, 그리고 한없이 웅대한 이 경전의 세계 구조가 있는 것이다.

세계가 세계 자신을 알고 또 실천한다고 하는 『화엄경』의 지혜에 참여하기 위해서는 먼저 선정(禪定)을 통해야 된다. 선정이란 심신을 가라앉혀 통일하는 일이다.

말할 것도 없는 일이나, 지혜와 선정은 표리 일체를 이루고 있다. 지혜는 선정에 의해 더욱 빛나며, 선정은 지혜에 의해 깊이를 더해 간다. 선정이 없는 지혜는 분별지(分別智)9)에 떨어지며, 지혜가 없는 선정은 맹목적인 것이 될 터이다. 지혜와 선정이 불가분의 관계에 있다는 것은 원시 불교 이래 대승 불교에 이르기까지 일관하고 있는 주장이다. 비유해서 말한다면 선정은 기름에, 지혜는 불에 견줄 수 있다. 지혜의 등불은 선정의 기름 속에서라야 비로소 빛을 발할 수 있는 것이다.

선정은 정려(靜慮)라고도 한다. 고요히 생각하는 일이다. 원어로 말하자면 산스크리트의 동사 dhyai(명상하다)가 전화하여 명사 dhyāna(명사)가 된다. 팔리 어로 말하면 jhāna이다. 이 jhāna가 중앙 아시아를 지나 중국에 들어왔을 때, 마지막 어미 a가 탈락하여 jhān이 되고, 이것이 '선(禪)'이라는 한자로 음역되었다. 따라서 '선'이라는 글자 자체에는 아무 뜻도 없다. 정(定)이라

---

9) 모든 현상을 구별하는 지혜. 그것은 집착하는 마음이기에 범부의 지혜를 못 벗어난다.

함은 심신이 통일되어 마음이 정해진다는 뜻에서 덧붙여 선정이라는 숙어가 만들어졌을 터이다.

선이라 하면 곧 선종의 좌선이 떠오르지만 선은 결코 선종에서만 하는 것은 아니다. 선종에서는 특히 좌선을 숭상하여 선정을 간소화하고 순화시킨 특징은 있으나, 오히려 선정은 불교 전체의 근본 입장이어서 그로 말미암아 지혜가 작용하게 되고 각 종파의 세계관이 생기게 된다.

인도 사상 일반에서는 선정을 가리켜 요가(yoga)라 부르기도 하지만, 선정과 요가는 본래부터 그 내포하는 바 의미 영역이 다르다. 요가라 함은 결합의 뜻이어서, 실제로는 실수(實修)·실천·수련·방법·길·심신 통일 등 대단히 넓은 뜻으로 쓰인다. 요가는 인간 정신의 전 영역에 관계된다고 해도 좋다.

이를테면 지혜(jñāna)의 요가라 하면 우리 마음속에 숨어 있는 본연의 지혜를 연마·수련함으로써, 마침내 투철한 해탈의 지혜에 도달하는 것을 목적으로 하고 있다. 또 신애(信愛, bhakti)의 요가는 그런 지혜와는 관계없이 절대자에게 자기의 전 생명을 맡기고 그것에 따르는 것에 의해서 지혜의 요가와 같은 해탈로 나갈 수가 있다는 것이다. 또 실천(Karma)의 요가는 지혜나 신애의 방법과도 달라서, 자기에게 주어진 의무를 성심껏 다하는 것에 의해 지혜나 신애의 경우와 똑같은 해탈이 얻어진다고 여긴다. 그리고 또 라자(왕) 요가라는 것이 있거니와 이는 심신 통일의 방법을 합리적이고 질서 있게 규정한 것이어서, 이 방법에 따라 심신을 통일함으로써 마지막에 해탈에 이른다는 주장이다.

이렇게 생각해 보면 불교의 선정은 인도 사상에서 볼 때 일단 좁은 의미의 요가, 곧 라자 요가에 해당한다고 할 수 있겠다. 그러나 실제로는 선정은 스스로 지혜에 연결되어 있으며, 또 뒤에서 말하겠지만 선정은 신심(信心)이나 대비(大悲)와도 관련이 있으므로, 불교의 선정과 인도 사상에서의 요가는 아주 깊은 관계에 있다고 생각된다.

　그러면 선정의 과정을 잠시 고찰해 보자. 우선 선정은 자세를 바로하고 호흡을 조절하며 마음을 가라앉히는 일로부터 시작된다. 마음만을 가라앉히려 해도 목적은 달성되지 않는다. 마음과 몸은 일체를 이루는 것이어서 마음을 가라앉히기 위해서는 몸을 조정하지 않으면 안 되며, 몸을 조정하기 위해서는 마음을 가라앉혀야 한다. 자세와 호흡과 마음의 세 가지가 갖추어질 때, 비로소 신심 일여(身心一如)의 통일 상태에 들어갈 수가 있다.

　이 중에서 자세를 바로한다 함은 이른바 결가부좌(結跏趺坐)를 가리킨다. 두 다리를 포개고, 두 손은 인(印)[10]을 맺고, 등을 펴고, 턱을 당기고, 눈은 반안(半眼)[11]으로 뜬다. 마치 활짝 핀 연꽃 같다 하여 인도에서는 이를 연화좌(padmāsana)라고 부르고 있다. 다음의 호흡 또한 극히 중요하다. 산스크리트에서는 푸라나(prāna)라 하여, 이것은 호흡이긴 하지만 다시 그 뜻이 깊어져 생기·생명에까지 미친다. 즉 우리가 호흡을 조정하는 것은 그 호흡을 통해 바로 생명의 기력에 육박하여, 마침내는 천지의 호

10) 속에 지닌 진리를 손가락 모양으로 표시하는 것.
11) 눈을 반쯤 뜨는 것. 좌선할 때의 자세.

흡·천지의 생명에 동화되는 것을 뜻한다. 이렇게 하여 자세와 호흡이 조정되고 나면 차차 마음이 가라앉게 되어, 심신이 아울러 선정의 깊은 세계로 들어가게 된다. 그러나 또 한편으로 우리의 마음에는 앞에서 말한 바와 같은 자아 관념이 매우 미묘한 형태로 깊이 숨어 있으므로 마음의 갖가지 훈련이 오랫동안 끈질기게 계속되어야 하는 것이다.

불교의 수련 중에서 자아 관념을 해결하는 것이야말로 가장 어렵다. 우리는 저마다 자아 의식을 가지고 있다. 나는 나라고 하는 명료한 의식을 갖추고 있는 것이다. 이 의식은 우리가 주체적으로 생각하고 주체적으로 행동하는 데 필요 불가결한 것이어서 인간의 사고와 행동에서 결정적인 구실을 맡고 있기도 하거니와, 그 반면에 이런 자각은 실제로는 자아 관념에 얽매여 있는 의식이기도 하다.

이 점에서 인간의 복잡한 여러 문제를 자아 중심적으로 포착하려고 하며, 거기에 우리의 미혹(迷惑)의 원천이 있다고 할 수 있다. 그러나 자아 관념이란 나는 나라고 하는 명료한 자아 의식만이 아니다. 우리가 의식의 영역에서는 똑똑히 포착할 수 없는 마음의 심층에서도 이 자아 관념이 항상 움직이고 있다. 꿈 속에서도, 정신 없이 빠진 잠 속에서도, 기절했을 때에도, 마취되었을 때에도, 자아 관념의 활동은 쉴 때가 없다.

일찍이 나의 친구가 다음과 같은 이야기를 한 적이 있다.

"그는 가슴을 앓아서 오랫동안 요양 생활을 했다. 그러다가 건강을 회복하려면 수술을 하는 수밖에 없다는 진단이 떨어져서, 수술을 받기 위해 전신 마취를 당하였다. 그 순간 그는 완전히 의식을 잃고 말았다. 그러나 수술에 들어가자, 그는 메스를 든 의사를 향해 욕을 퍼붓기 시작했다. 대수술이어서 네 시간이 넘게 걸렸지만, 그는 줄곧 의사에게 욕을 그치지 않았다. 수술이 끝나 겨우 마취에서 깨어났을 때, 그는 담당 간호사로부터 비로소 그 경과를 들었다. 그 말을 듣고서 그는 허허 하며 웃었다고 한다."

이 이야기는 매우 재미있다. 전신 마취에 걸려서 완전히 정신을 잃었으면서도 그의 자아 관념은 훌륭하게 작용하였다. 더욱이 본인은 자기의 자아 관념이면서도 전혀 그것을 몰랐다. 따라서 그 동안에 어떤 짓을 했던지간에 그는 책임을 느끼지 못했다. 그 증거로 자기가 한 짓에 대해 듣고 나서도 다만 어처구니가 없어서 웃었을 따름이다. 그는 양심에 그리 가책을 느끼지도 않았다. 어찌 보면 스스로 의식하지 않고 한 일이니까 당연하다고도 할 수 있다. 그러나 아무리 그가 무의식중이었다 해도 그 자신의 자아 관념은 똑똑히 작용하고 있었으며, 그 자신의 행위였다는 점은 부정할 수 없다. 결국 그는 의식적이든 무의식적이든 자기 행위의 전인격적 책임은 못 면하는 것이다. 그 행위의 책임은 그 자신에게 돌아갈 수밖에 없다 하겠다.

자아 관념은 이런 형태로 우리의 마음속 깊이, 또는 무시(無始) 이래 (무한한 과거로부터) 계속된 숙업(宿業)[12]의 밑바닥에

깊숙이 숨어서 작용하는 것이다. 이것이 미혹의 깊은 원천이며 생사의 끝 모르는 근원이다. 이러한 자아 관념은 웬만한 선정에 의해서는 처리되지 않는다. 그렇기는커녕 선정이 자기의 선정이요 자기 힘에서 말미암은 선정인 한, 아무리 그 수행을 깊이 해도 기본적으로 자아 관념이라는 입장을 벗어나지 못한다. 왜냐하면 자기의 선정에는 자아 관념이 심화(深化)된 채로 가라앉아 있기 때문이다.

여기에서 『화엄경』의 대선정으로 향한 일대 전환이 요청되는 것이다.

『화엄경』의 대선정은 해인 삼매(海印三昧) 또는 화엄 삼매라 불리는 그것이다. 해인 삼매와 화엄 삼매의 뜻을 밝히는 것은 마침내 『화엄경』 전체의 취지를 천명하는 것이 될 터이다. 삼매란 산스크리트로 Samādhi, 선정이 깊어져서 심신이 한 곳으로 완전히 집중된 상태를 가리킨다. 독서 삼매 · 낚시 삼매 · 작업 삼매 · 유희 삼매 따위와 같이 마음이 그 일에 집중해 있을 때는 모두 삼매라 할 수 있다. 물론 여기에서는 선정에 집중되고 있는 선정 삼매를 뜻한다. 그러나 화엄경의 삼매는 자기 힘으로 자기 혼자만이 삼매에 들어 있는 것은 아니다. 그런 삼매는 아무리 심화시켜도, 또 그것이 아무리 미묘한 경지에 도달한 것처럼 보인다 해도, 결국은 자아 관념에 뿌리박고 있는 데 지나지 않아서 도저히 그 관념을 탈피할 수 없다.

---

12) 지난 생에서 지은 행위.

그런데 자아 관념은 이미 비유로 설명한 바와 같이 자기의 자유 의지로 통제하지 못하며, 마음의 심층 깊이 뿌리박고 있다. 오히려 마음만이 아니라 몸과 함께 발생한 미묘한 관념이라 해야 될 것이다. 그것은 내가 태어나기 전부터, 무한의 과거로부터 생성 유전하는 사이에 축적되어 온 인간 존재의 근원적인 습성이다. 그것은 말하자면 더 근원적인 의미에서 역사적인 습성이라 해야 될 것이다. 이 습성은 자기 힘으로 자기 혼자서 교정할 수 있는 것이 아니다. 그러나 여기서 잘 생각해 보면, 자아 관념이 아무리 뿌리 깊은 것이며 따라서 자기 통제의 범위를 초월하고 있다 해도, 결국 그것은 단순한 습성에 불과하며 아무런 실체(實體)가 없다는 것을 알 수 있다. 만약 자아라는 실체가 존재한다면, 그것에 얽매인 우리는 자아라고 부르는 어두운 궤짝 속에 영원히 갇혀 있을 수밖에 없을 터이다. 하지만 사실은 그렇지가 않다. 자아는 그저 관습이며 습성이다.

이상의 고찰로부터 우리의 주체적인 세계는 다음과 같은 실상을 지니고 있음이 이해될 터이다. 즉 우리는 한편으로 무시(無始) 이래 철두철미하게 자아 관념에 사로잡혀 있다. 한 순간도 이것에서 벗어나지 못한다. 그러나 이것은 요컨대 관념이며 습성에 지나지 않는다. 말하자면 실체가 없는 꿈 같고 환상 같은 것에 지나지 않는다. 그런데 꿈이나 환상은 늘 꿈도 환상도 아닌 현실 세계에 에워싸여 있다. 만일 그렇다면 우리는 한쪽에서는 빼도 박도 못하는 자아 관념에 사로잡혀 있으면서, 그와 동시에 다른 한쪽에서는 꿈이나 환상 같은 이 관념을 포용하고 있는바 무한의 실재계에서 자아 관념에 사로잡힌 채로 살아가고 있는 셈이 된다. 자아 관념 쪽에서 말하자면 우리는 이 어두운 관념 속에 갇혀 있는 듯 보이지만, 이 상태는 꿈이요 환상에 불과하다는 사실에 생각이 미친다면 그대로 어둠을 떠난 광명의 세계에 살고 있음을 알게 될 터이다.

자기 혼자의 선정으로부터 『화엄경』의 대선정으로 전환하는 데는 바로 이 대목이 계기가 된다. 자기 혼자의 선정은 아무리 이를 심화시켜도 동시에 자아 관념을 깊게 하는 것밖에 안 되거니와, 눈을 돌려 이 관념의 실태를 이해한다면 우리는 옴쭉도 않은 채로 큰 광명·큰 선정으로 옮겨 갈 수 있는 것이다. 이 크나큰 광명이 곧 비로자나(Vairocana)불이다. 또 자기의 좁은 영역을 넘어선 세계 그것, 우주 그것, 무한히 활동적인 그것, 그것이 곧 비로자나불이다. 다시 또 자기 혼자의 선정이 아니라 크나큰 선정, 세계 그것·우주 그것의 대선정, 그것이 곧 비로자나불이다. 또 자기 혼자의 작은 지혜나 자비가 아니라 우주 그것의 크나큰 자비, 그것이 곧 비로자나불이다.

그런데 이러한 비로자나불이 『화엄경』 속에서 사실은 내내 침묵을 지키고 있다. 『화엄경』의 교주이면서 스스로는 설법하지 않는다. 그것이 어떤 의미를 지니는지는 뒤에서 말하려니와, 비로자나불은 이따금 필요에 따라 미간의 백호(白毫)[13]에서, 치아 사이에서, 손바닥에서, 발바닥에서 대광명을 발하여 전 세계를

---

13) 부처님 미간에 있는 희고 가는 터럭.

빛의 소용돌이로 감싸 버린다. 그리고 많은 보살들이 서로 엇바꾸면서 부처님을 대신하여 설법을 시작하는 것이다.

대체로 설법이 시작될 때는 그에 앞서 설법자가 선정에 들어가는 것이 경전의 관례가 되어 있다. 먼저 선정에 들어가 온 심신을 가라앉혀서 스스로 충분히 진리의 묘미를 맛보고 난 다음, 서서히 선정에서 나와 법을 설하는 것이다. 이를테면 『방광반야경(放光般若經)』에서는 석존은 설법에 앞서 정의 삼매(正意三昧)에 들어가셨고, 『대반야경』에서는 등지왕묘 삼매(等持王妙三昧)에 들어가셨다. 또 『법화경』에서는 방편품을 설하기에 앞서, 석존은 무량의처 삼매(無量義處三昧)에 들어가셨다. 그런데 『화엄경』의 경우에는 여러 보살이 저마다 삼매에 들어갔다가 삼매에서 나와 설법하고 있는 것이다. 이를테면 제2장 노사나품(盧舍那品)을 보자.

"보현 보살은 부처님 앞에서 연화장(蓮華藏)의 사자좌(獅子座)에 앉아, 부처님의 신통력에 의해 삼매에 들었다. 이를 비로자나 불신(佛身)의 삼매라 한다. 그랬더니 시방 세계(十方世界)[14]의 모든 부처님이 나타나서 보현 보살을 칭찬했다.

'이는 얼마나 훌륭한 일인가. 그대는 이 삼매에 들 수 있었다. 이는 오로지 비로자나불의 본원력(本願力)[15]에서 말미암은 까닭이다.'

---

14) 동서남북과 동북·동남·서남·서북·상·하에 있는 무수한 세계.
15) 부처님이 보살 때 세운 서원의 힘.

그 때 시방(十方)의 여러 부처님들은 보현 보살에게 갖가지 지혜를 주고, 저마다 오른손을 뻗쳐서 보살의 머리를 쓰다듬으셨다. 그 지혜라 함은 무량 무변의 진리의 세계에 들어가는 지혜, 과거 · 현재 · 미래의 여러 부처님에게 이를 수 있는 지혜, 무량한 중생의 세계에 들어가는 지혜, 일체 중생의 말의 바다[16]를 가지고 진리를 말하여 전하는 지혜이다."   〈盧舍那品〉

보현 보살은 이에 비로자나불의 세계에 대해 설하기 시작하거니와, 보현 보살 자신이 비로자나불의 자리인 연화장의 사자좌에 앉는다. 즉 스스로 비로자나불의 대변자임을 표시한다. 그리고 비로자나 불신의 삼매에 든다. 그것은 오로지 비로자나불의 신통력 · 본원력에서 말미암은 것이다. 그리고 또 보현 보살은 혼자서 삼매에 드는 것이 아니다. 인용한 경문에는 나타나 있지 않으나, 이미 이에 앞서 무수한 보살들이 비로자나불을 둘러싸고 좌선하고 있었다. 동도 서도 남도 북도 사방 팔방 시방의 보살들이 결가부좌를 하고 있다. 이런 정경 속에서 보현 보살은 불력(佛力)에 의해 삼매에 드는 것이다.

우리는 여기에서 『화엄경』에서의 대선정의 의미에 대해 언급할 수 있다. 우리가 자기 힘으로 자기 세계의 선정에 드는 것은 결과가 처음부터 뻔하다. 자기 생각으로는 유원 · 광대한 듯이 보이는 경우에도 결국 그 근본이 자아 관념에 뿌리박고 있는 한,

---

16) 큰 언변을 바다에 비유한 것.

그것은 좁고 열등한 선정이며 이른바 유루정(有漏定 : 번뇌를 포함하는 선정)에 틀림없다.

『화엄경』의 선정은 그렇지가 않아서, 스스로 삼매에 들면서도 그것은 비로자나불에 의지하고 있다. 즉 우리는 스스로의 삼매를 통해 비로자나불의 삼매에 접하고 그 삼매에 동화될 수가 있다. 바꾸어 말하면 스스로의 삼매는 우주 그것의 삼매에 접하고 우주 그것의 삼매에 동화되는 것이다. 거기서는 자기 혼자 선정에 들어 있는 것이 아니라, 우주 그것이 선정인 것이며 삼라 만상이 좌선하고 있는 것이다.

너 스스로를 알라는 신탁을 걸어 놓은 델포이의 신전 대신, 우리는

"세계는 세계 자신을 인식한다."

는 표어를 『화엄경』의 전당에 걸어 놓자. 그리고 그 표어의 의미를 더 깊이 구명해 보자.

세계관과 인생관

　『화엄경』의 대선정을 대표하는 것으로서, 우선 앞에서 언급한 해인 삼매를 생각해 보자. 해인(海印)이란 무슨 뜻일까? 산스크리트에서는 sāgara – samṛddhi(인의 바다)라고 한다. 이에 대해 중국 화엄종의 대성자인 법장(法藏)[17]의 설을 들어 보자.

　　　"해인이란 진여 본각(眞如本覺)이다. 망상이 다하고 마음이 밝아지매 만상(萬象)이 함께 나타남이니, 대해는 바람에 의해 물결을 일으키되 만약 바람이 자면 맑아져서 현상의 나타나지 않음이 없음과 같다."

(『妄盡還源觀』)

---

17) 화엄종의 제3조. 화엄종 이론의 대성자(643~712). 저서에 『화엄탐현기』『화엄오교장』『화엄지귀』『유심법계기』『금사자장』『망진환원관』『기신론의기』 등. 법명은 현수(賢首).

법장에 의하면 해인이란 진여 본각을 말한다. 진여 본각이라 함은 본래의 깨달음·본래의 진리의 세계이며 곧 비로자나불의 세계이다. 비로자나불은 지금까지 말한 바와 같이 세계 그것, 우주 그것이며 또 대선정이다. 여기서는 그 비로자나불의 세계가 망망 대해에 비유된 것이다. 바람이 그쳐서 해면이 고요해지면 세계의 만상이 빠짐없이 그 해면에 그림자를 비춘다. 그것이 바다(海)에 비치는 인(印) 곧 해인이다. 그러나 이것은 요컨대 비유에 지나지 않는다. 대체 이 비유는 무엇을 나타낼까?

　큰 바다는 말할 것도 없이 비로자나불이며 우주 그것이다. 바람이 그쳐서 해면이 고요해짐은 우리의 어지러운 마음이 가라앉아 우주 자체의 대선정에 동화되는 일이다. 그러면 그 해면에 만상이 나타난다는 것은 무엇을 뜻할까?

　우리는 여기에서 선정의 의미를 고쳐 생각해 보아야 한다. 선정이란 지금껏 말해 온 바와 같이 결가부좌하여 자세를 바로하고 호흡을 조절하고 심신을 통일하여 삼매에 들어가는 일이다. 그러나 화엄경의 선정은 그런 자신의 선정을 통해 우주 자체의 대삼매에 접하고 그것에 동화되는 일이다. 말하자면 우리가 스스로 선정에 들기에 앞서, 사실은 비로자나불 곧 대우주 자체가 대삼매에 들어가 있는 것이다. 우리가 알든 모르든간에 우주 자체는 영겁의 옛날로부터 지금까지 삼매에 들어 있다. 그리고 이런 사실은 스스로의 선정을 통해 우주에 접하고 우주에 동화됨으로써 인식할 수 있게 된다.

　그러나 일단 우주 자체의 대삼매에 접하고 나면, 삼매란 결코 결가부좌하여 심신을 통일하는 것만을 뜻하는 것이 아님을 알게 된다. 산천 초목과 인간적 · 자연적인 현상 모두가 삼매 아님이 없을 것이다. 앞에서도 말했듯이 독서 삼매 · 작업 삼매 등등 무슨 일에 마음을 오로지하여 열중하고 있을 때는 다 삼매란 이름으로 부를 수 있다. 한 걸음 더 나아가서 생각해 보면 사실 우리의 마음이란 무엇엔가 생각을 오로지하여 열중하고 있지 않을 때가 없음이 틀림없다. 비록 독서 삼매나 작업 삼매가 아니라 해도, 자고 있을 때는 잠자는 일에 삼매하고 있는 것이며, 번뇌에 사로잡혀 있을 적에는 번뇌에 마음을 뺏기고 있으니까 곧 번뇌 삼매에 들어 있는 것이 된다. 그렇다면 우리의 마음은 언제나 무엇엔가 삼매에 들어 있는 셈이 될 터이다. 이런 삼매의 방식은 독서 · 수면 · 번뇌 하는 식으로 이리저리 뒤바뀌어도, 삼매 자체는 우주의 대삼매요 비로자나불의 대삼매인 것이다. 바꾸어 말하면 우주의 대삼매 속에 독서 · 수면 · 번뇌 따위 갖가지 형태의 여러 삼매가 비치는 것이라 할 수 있으리라.

다시 이런 사정을 뒤집어 보면 독서 · 수면 · 번뇌 따위는 요컨대 일상 다반의 경험이다. 우리는 끊임없이 무엇인가를 경험한다. 자고 있든 깨어 있든 거기에 나타나는 것은 모두 우리의 인생 경험이다. 이것을 우리의 주관 쪽에서 말하면 우리는 항상 무엇인가를 경험하고 있다고 하려니와, 우주의 대삼매 쪽에서 보면 우리가 무엇인가를 경험하고 있다는 사실은 경험 그대로가 우주의 대삼매 안에 표(印)해지고 반영됨을 뜻한다. 즉 같은 사실이라도 우리 개체 쪽에 서느냐 대삼매 쪽에 서느냐에 따라 그 사실을 바라보는 시야가 완전히 달라지는 것이다. 이를테면 우리가 항상 경험하는 번뇌에 대해 생각해 보자.

번뇌는 번거로운 것·가슴을 죄는 것·괴로운 것이다. 번뇌를 경험하는 우리는 사방이 막힌 자아라는 이름의 궤짝 속에 갇혀서 그 고통의 함정으로부터 빠져나올 수가 없다. 빠져나올 수 없다는 사실이 번뇌를 더욱 심각하게 만든다.

그런데 여기에서 생각을 바꾸어 보자. 그러면 이 번뇌가 사실은 번뇌 삼매로서 비로자나불 또는 우주 자체의 대삼매 위에 떠 있는 한낱 그림자에 지나지 않는다는 것을 알게 된다. 같은 번뇌라도 전자에 설 때와 후자에 설 때는 전혀 다른 의미를 지니게 된다. 전자의 경우에는 사방이 막힌 자아 속에 갇혀 거기서 탈출할 수 없기 때문에 번뇌는 더욱 감당할 수 없게 되지만, 후자의 경우는 같은 번뇌라 하더라도 그것은 비로자나불이라는 큰 바다에 비친 그림자에 불과하니까 본래부터 자아에서 탈출되어 있다. 따라서 아무런 장애도 없는 것이다.

이런 점에서 같은 번뇌라도 그 가치 평가가 달라지게 마련이다. 전자의 경우는 탈출할 수 없기 때문에 더욱 치열해지는 번뇌이므로 자체 안에서 처리할 수밖에 없거니와, 이에 대해 후자의 경우에는 그 번뇌가 처음부터 해방되어 있다. 자기의 번뇌이면서도 그대로 대우주 안에 떠 있는 것이다.

그렇다고 해도 번뇌는 번뇌니까, 번거롭고 가슴죄는 것은 다름이 없다. 다만 그 차이는 사방이 막힌 자아에 갇혀 있는 것이 아니라, 그 자아 대신 무한한 대우주 비로자나불이 번뇌하고 있다는 점이다. 그래서 이 자기의 조그만 번뇌를 향해 이를 고쳐 주고자 무한한 대우주가 작용하고 설법하는 것이다. 『화엄경』 중에 한 티끌 속으로부터 백천(百千)의 대경전을 끌어낸다든지, 한 티끌 속에서 무수한 부처님들이 설법한다든지 하는 표현이 있거니와, 이는 이런 상태를 나타내는 것이리라.

도겐(道元)[18]의 『정법안장(正法眼藏)』 속에 '해인 삼매'라는 대목이 있다. 그 첫머리에 이런 글이 보인다. 약간 난해하지만 인용해 보자.

"여러 부처와 조사(祖師)[19]들은 반드시 해인 삼매를 지녔다. 이 삼매의 유영(游泳)에는 설하는 때, 깨닫는 때, 행하는 때가 있다. 해상을 가는 공덕은 바다 속까지 투철했으니, 이를 바다 밑을 기는 해상행(海上行)이라 한다. 유랑 생사에서 환원(還源)시키려 드는 것은 우리의 분별이 아니다. 종래의 투관 파절(透關破節)이 원래 여러 부처와 조사의 면목이긴 하나, 이것이 해인 삼매의 조종(祖宗)이다."

모든 부처들은 반드시 해인 삼매 안에 있다. 우리 또한 해인 삼매를 떠나 있는 것은 아니다. 따라서 여러 부처님이나 우리의 일상 생활은 해인 삼매 안을 헤엄쳐 다니고 있는 셈이 된다. 그

18) 일본 조동종(선종의 일파)의 시조(1200~1254). 송(宋)에 유학하고 돌아와 크게 선풍을 떨쳤다. 저서에 『정법안장』 『영평광록』 『영평청규』 등.
19) 한 종파의 대표적 지위에 있어서 후세의 흠모를 받는 중.

러는 동안에는 법을 설한 때도 있을 것이며, 깨달음을 여는 때도 있을 것이며, 불도를 행하는 때도 있을 것이다. 그렇게 하여 해인 삼매의 바다 위를 헤어 나가는 공덕은 바다 밑까지도 꿰뚫는다. 바꾸어 말하면 바다 위를 가고 있는 일이 그대로 깊고 깊은 바다 밑까지 들어가서 가고 있는 셈이 된다. 왜냐하면 우리의 일상 경험은 표면적으로는 우리가 보는 대로인 경험에 틀림없거니와, 그러면서도 사실은 그대로가 곧 해인의 대삼매인 것이며, 일상 경험은 언제나 이 삼매에 뿌리박고 있는 까닭이다.

이런 이유로 미혹의 생사에서 유랑하고 있는 중생을 해인 삼매의 본원(本源)에 눈뜨게 하고자 원하는 것은 결코 우리의 분별에서 그러는 것이 아니다. 그 소원은 해인 삼매 그것으로부터 나오고 있는 것이다. 또 아집(我執)을 깨고 번뇌를 끊어서 깨달음을 여는 것은 여러 부처님들의 진면목이기도 하지만, 이 또한 해인 삼매 그것에 뿌리박고 있는 것이다. 이렇게 하여 도겐의 혜안은 깊고 날카롭게 해인 삼매의 표리를 파헤친다.

우리는 『화엄경』 중의 대선정을 대표하는 해인 삼매에 대해 이상과 같이 구명을 시험해 왔다. 해인 삼매란 요컨대 우리의 모든 일상 경험이 그대로 비로자나불(우주 자체)이라는 크나큰 바다 위에 비치고 있다는 사실을 뜻한다. 경험한다는 것은 곧 비친다는 이야기이다. 스스로의 경험이면서 그대로 비로자나불의 대삼매 속에 포용된다는 것, 그것이 곧 해인 삼매요, 『화엄경』의 대선정이다. 이런 대선정의 세계에 눈뜨는 데는 여러 가지 길이 있으려니와, 그 근본을 말하자면 우리 자신이 스스로 선정에 들어

감으로써 우주 자체의 대선정, 곧 해인 삼매에 접하고, 해인 삼매에 잠기고, 해인 삼매를 맛보면 맛볼수록, 우리는 이 인생이라는 끝도 없는 크나큰 바다를 유유히 헤엄쳐 가는 자신을 자각하게 될 것이다. 불교에서 원시 경전 이래 선정이 중요시되는 까닭이 여기에 있다.

이리하여 해인 삼매는 『화엄경』의 세계관의 원형이라 할 수 있다. 이 세계관에 의거할 때 인생을 어떻게 살 것인지 하는 인생관의 목표가 스스로 정해진다. 세계관과 인생관은 비유하면 물건의 겉과 속 같은 것이라 하겠다. 인생관을 겉이라 친다면 그것은 세계관의 밑받침에 의해 인생을 살아갈 목표를 결정한다 하겠다.

『화엄경』에서 기본적인 세계관이 되는 것은 해인 삼매이다. 그것은 우주의 삼라 만상이 우주 자체의 대삼매, 비로자나불의 대삼매 속에 그림자를 드리우고 노닐고 있다는 뜻이다. 따라서 우주 안의 어떤 사물이라도 그 자신의 고정적인 근거를 지니고 있지는 않다. 모든 존재는 저마다 이 대삼매에 의거하고 그 바다 위를 떠돌아 다니고 있다. 바꾸어 말하면 어떤 존재라도 자기만의 영역에 유폐됨이 없이 끝없는 대삼매 안에 해방되어 있는 것이다. 또는 무엇이 존재한다는 것은 그것이 대삼매 안에 있다는 것을 뜻하는 동시에, 거꾸로 또 그것이 대삼매를 반영하고 있다는 뜻이기도 하다고 말할 수 있다. 우리는 비로자나불의 크나큰 바다에 에워싸여 있는 동시에, 그 비로자나불에 눈뜨고 비로자나불에 접함으로써 도리어 비로자나불을 반영하고 있다고도 생각할 수 있다. 이를테면 우리는 비로자나불에 싸여 있으면서, 또 거꾸로 비로자나불을 싸고도 있는 것이다.

해인 삼매의 세계관은 이렇게 싸이면서 싼다는 구조를 보여 주고 있다. 이런 구조는 단순한 이론과는 다르다. 거기에는 인생을 어떻게 살 것인가 하는 종교적 실천과 연관된 깊은 의미가 포함되어 있다. 앞에서 말한 바와 같이 단순히 대상적으로 떠오른 세계관이 아니라, 우리 자신의 세계로서 주체적인 것이 되면 될수록 싸이면서 싼다는 불가사의한 이 구조가 극히 당연하고 자연스럽게 장래를 향한 우리의 결단과 행동을 재촉하는 것이다. 우리가 대삼매에 접하고, 대삼매에 잠기고, 대삼매에 눈뜨면 눈뜰수록 우리는 이 대삼매를 자기 안에 싸게 된다. 그리고 대삼매를 싸면 쌀수록 우리는 더욱 깊이 대삼매에 싸여 있음을 의식하게 된다. 이 과정은 동시에 거꾸로도 말할 수 있다. 즉 우리가 대삼매에 싸이면 싸일수록 더욱 깊이 대삼매를 의식하여 이 대삼매를 싸게 되는 것이다.

이런 구조는 통상적인 이론을 넘어선 것이기는 하나, 종교적 세계의 엄연한 사실임에는 틀림없다. 우리는 이런 이중 구조, 즉 하나는 싸면서 싸인다, 또 하나는 싸이면서 싼다는 이 이중 구조에 각각 인생 행로의 지표를 세울 수 있을 것이다. 즉 전자에 설 때 우리는 비로자나불을 싸면서도 비로자나불에 싸인다는 측면에서 우리의 현실인 왜곡이나 추태를 끝없는 비로자나불의 세계 안에서 바로잡아 나가게 될 수 있을 것이며, 후자에 선다면 마찬가지로 싸이면서도 싼다는 끝없는 비로자나불의 세계 안에서 스스로의 주체성과 개성에 입각하여 실천적 행동으로 진출할 수 있게 될 것이다.

그러나 이런 구조의 이중성은 편의상의 구분에 불과한 것이다. 실제로는 싸이면서 싸고, 싸면서 싸이는 것은 표리 일체를 이루어 구분하기 어려울 것임은 말할 나위도 없다. 그것은 어쨌든간에 우리는 이런 구조에서 인생을 어떻게 살 것인지에 대한 지표를 얻게 된다.

해인 삼매가 『화엄경』의 세계관이라면, 이에 대해 화엄 삼매는 그 인생관에 해당한다고 할 수 있을 것이다. 그러므로 화엄 삼매를 통해 다시 인생을 어떻게 살 것인지에 대한 지표를 모색해 보자.

화엄이란 무슨 뜻일까? 산스크리트에서는 gaṇḍavyūha(장식의 표시)라고 한다. 법장의 해석을 참조하기로 하자.

"화엄이란 무엇인가? 화(華)는 보살의 모든 행(行)이다. 화(꽃)에는 결실의 용(用)이 있고, 행(行)에는 감과(感果)의 능(能)이 있다. 지금은 즉 사물에 의탁하여 나타낸 것이니, 그러기에 꽃을 들어 비유함이다. 엄(嚴)은 행(行)이 이루어지고 과(果)가 차서, 이치에 맞고 진실에 어울림이다. 삼매는 이(理)와 지(智)가 둘이 아니어서 서로 하나가 되어 이것 저것이라는 차별과 작용하고 작용을 받는 것이 아울러 없어진 것을 말한다. 그러므로 삼매라 하는 것이다." (『妄盡還源觀』遊心法界記)

화엄이란 꽃으로 꾸민다는 뜻의 비유이다. 화(꽃)는 보살의 모든 실천 행위를 비유한 것이다. 보살이란 bodhisattva 즉 깨달음(진리)을 구하고자 노력하는 사람으로서, 우리가 진리를 추구하는 한 우리 자신이 곧 보살임에 틀림없다. 꽃은 반드시 열매를 맺는 작용을 갖고 있듯이, 보살의 행위 또한 필연적으로 깨달음의 세계를 가져올 힘이 있다는 것이다. 엄(嚴)이라 함은 꾸민다는 뜻이다. 즉 보살의 행위가 완성되고 그 결과가 충족되어 진리에 합치함을 나타낸다. 따라서 화엄 즉 꽃으로 꾸민다는 것은 부처의 깨달음을 가져올 힘을 가지고 있는 보살의 행위가 사실상 완성되고 충족되어 진리에 합치함을 뜻한다. 그리고 이것에 마음을 오로지하여 주객·상대의 관계를 초월하는 일이 곧 화엄 삼매이다.

화엄 삼매는 이와 같이 보살의 행위가 완성되어 가는 과정을 나타내고 있다. 보살이란 진리를 추구하는 우리 자신이므로 화엄 삼매는 인생을 어떻게 살 것인가, 어떻게 행위할 것인가, 그리고 그 생활 방식·행동 방식이 드디어 진리에 합치하여 비로자나불의 세계에 융해·몰입되어 가는 과정을 표시하는 것이다. 해인 삼매가 비로자나불의 세계관이라 한다면, 화엄 삼매는 그 세계관에 의거한 보살의 인생관 또는 그 인생 행로를 나타내는 것이라고 할 수 있겠다.

물론 보살은 본질적으로 비로자나불에 근거를 두고 있다. 보살의 인격의 근원은 보살 자신에게 있는 것이 아니라 무한한 비로자나불에게 있는 것이다. 따라서 화엄은 겉으로 보면 보살의 행위를 완성해 가는 과정이 되려니와, 뒤로 돌아가 볼 때에는 그 모든 것이 비로자나불 자신의 활동에 지나지 않음을 알게 된다.

다만 이 비로자나불은 앞에서도 말한 바와 같이 『화엄경』 안에서는 내내 침묵을 지키고 있다. 스스로 말하는 일이 없다. 왜냐하면 비로자나불은 우주 그것·진리 그것이므로 스스로 입을 열 수 없는 것이다. 따라서 비로자나불을 대변하는 많은 보살들이 부처님 대신으로 설법을 하게 된다. 이 많은 보살들은 물론 비로자나불의 해인 삼매를 떠나서 있는 것이 아니다. 그러기에 보살들에 의해 이야기되는 내용은 침묵하고 있는 비로자나불 자체는 아니라 해도, 역시 비로자나불에 의거하고, 비로자나불에서 나와, 결국은 비로자나불로 돌아갈 것이 예상되는 보살 행동의 전 과정을 나타낸다. 따라서 우리는 여기에서 이야기되고 표시되는 보살의 형태를 통하여, 말할 수도 표시할 수도 없는 침묵의 부처 비로자나불, 즉 진리 자체에 융합·몰입할 수가 있다. 그리고 또 거꾸로 우리는 침묵의 부처 비로자나불에 의해 지탱됨으로써 끝없는 보살의 실천적 행위로 걸음을 내디딜 수 있는 것이다.

『화엄경』에 등장하는 무수한 보살들의 대표격으로 문수와 보현을 들 수가 있다. 문수의 대지(大智)에 대해 보현은 대비(大悲)의 보살이며, 또 문수의 대해(大解)에 대해 보현은 대행(大行)이라 일컬어진다. 바꾸어 말하면 문수는 큰 지혜를 나타내고 보현은 큰 실천을 상징한다. 이런 문수나 보현은 요컨대 우리 보살이 본받아야 할 이상을 지적한 것이라고 볼 수 있다. 즉 우리는 문수의 대지·대해와 보현의 대비·대행을 표현하고 또 실천해야 되며, 더구나 그런 표현과 실천의 가능성을 충분히 갖추고 있다. 우리는 문수·보현의 가능성을 실천에 옮기는 것에 의해 한편으로 우리 자신이 비로자나불의 끝없는 세계에 융합·몰입하는 동시에, 다른 한편으로는 문수·보현의 실천을 통하여 형체 없는 비로자나불의 세계를 형체 있는 것으로 실현해 갈 수가 있다. 바꾸어 말하면 문수·보현은 형체 없는 비로자나불의 세계에서 일어나 현실 사회에서 실천하면서, 그러고도 비로자나불로 돌아가는 것이다. 이 사실은 우리 자신이 비로자나불의 세계에서 일어나 현실에서 활약하면서, 그러면서도 비로자나불로 돌아가야 할 것임을 상징하고 있다. 비로자나불에서 일어나 비로자나불로 돌아가는 것은 우리가 최고의 깨달음(진리)을 한없이 추구하고, 또 한없이 그것에 귀의·순종해 갈 것을 뜻하며, 사회적 실천으로 발길을 내딛는 것은 형태 없는 비로자나불을 사회 안에 실현해 간다는 뜻을 지니고 있다.

최고의 깨달음(곧 비로자나불)에 한없이 귀의·순종하는 일과 최고의 깨달음을 한없이 사회적으로 실현해 가는 일은 사실상 분리될 수 있는 것이 아니다. 그것은 혼연 일체를 이루는 것이라 보아야 할 터이다. 그러나 특히 여기서는 후자인 비로자나불의 세계를 한없이 사회적으로 실천해 가는 일을 화엄 삼매라고 부르고 있다. 그것은 우리가 부처님의 세계를 꽃으로 꾸며 가는 일이다. 꾸미는 것을 불교 경전에서는 장엄(莊嚴)이라고도 한다. 즉 불국토 장엄(佛國土莊嚴)이다. 부처님의 국토가 꾸며지고 깨끗해지는 것을 뜻한다. 그것이 화엄 삼매에서의 우리의 임무이며 인생관의 지표인 것이다.

비로자나불의 세계는 말하자면 눈에 안 보이는 대전당에 비유할 수 있을 것이다. 우리는 그 대전당을 형체로 나타내어 이를 세워 가는 목수이다. 우리는 보잘것없는 목수이긴 하지만, 이 전당에 못질을 해가야 될 것이다. 그것이 불국토 장엄이고, 화엄삼매이며, 사회적 실천의 근본적인 의미이다. 더구나 이 못은 내가 박는 조그만 못이면서도 비로자나불에 의해 만들어진 황금의 못인 것이다. 천성의 시인 요사노 아키코(與謝野晶子) 여사는 그 사이의 소식을 훌륭히 노래하였다.

태고로부터 만들어 온 전당에 나도 다가가
황금도 눈부신 못 하나 박습니다.

2. 부처의 세계

깨달음의 광경

비로자나불의 세계란 어떤 것일까? 그것은 말할 것도 없이 부처님의 깨달음의 세계이다. 부처님의 깨달음에 대해서는 여러 경전이 갖가지 입장에서 이를 묘사하고 있다. 부처님의 깨달음은 무한히 깊고 넓은 것인 까닭에 도저히 심상한 이해로 나타낼 수는 없다. 원시 경전이며 대승 경전 따위 무수한 문헌이 생겨난 것도 이 때문이다. 『화엄경』은 부처님의 깨달음의 세계를 나타낸 대표적인 경전의 하나이다. 그러므로 우선 이 경전에서 표현한 깨달았을 때의 광경부터 고찰해 보겠다.

석존이 보리수 밑에서 깨달음을 열자마자, 석존은 『화엄경』의 교주인 비로자나불과 일체가 되셨다. 경전은 그때의 광경을 다음과 같이 그리고 있다.

"부처님이 처음으로 깨달음을 여셨을 때, 대지는 청정해져서 온갖 보배와 꽃으로 장식되었으며, 꽃다운 향기는 그 위에 넘쳤다. 또 화만(華鬘)이 부처님 주위를 에워쌌는데, 그 위에는 금·은·유리·파리(玻璃)·산호·마노·차거(硨磲) 따위 진귀한 보석이 아로새겨져 있었으며, 많은 수목은 가지와 잎에서 빛을 발산하여 서로 비추고 있었다. 이런 정경은 부처님의 신통력에 의해 나타난 것이다.

부처님은 이 사자좌에 앉아 최고의 깨달음을 완성하신 것이다. 부처님은 과거·현재·미래의 진리가 모두 평등함을 깨달으셨으매, 그 지혜의 광명은 모든 사람의 몸 속까지 비추고, 그 맑은 깨달음의 음성은 세계의 구석구석까지도 울려 퍼졌다."

(世間淨眼品)

부처님이 깨달음을 연다는 것은 부처님의 마음이 근본적으로 전환했다는 것에 그치지 않는다. 이 인용문에 보이듯, 국토 자체가 청정해지고 장식되는 것이다. 즉 대지는 청정해져서 온갖 보배와 꽃으로 꾸며지고, 꽃다운 향기가 메우고, 무수한 보석이 아로새겨지며, 수목은 빛을 발산하여 눈부시게 빛나고 있다. 이런 국토 장엄이 사실은 부처님의 깨달음·신통력에 의해 나타난 것이다.

그것만이 아니다. 부처님의 지혜의 광명은 모든 중생의 몸 속까지 꿰뚫어 비추고, 그 깨달음의 음성은 세계의 구석구석까지 울려 퍼지는 것이다. 결국 부처님의 깨달음은 부처님 자신만의 문제가 아니라, 전 세계를 청정하게 하고 전 세계를 비춘다는 점에 그 참뜻이 있다고 말할 수 있겠다. 깨달음의 세계란 우리의 세계를 떠난 특별한 경지를 가리키는 것이 아니다. 다름 아닌 이전 세계의 장엄(장식)인 것이며 전 세계의 실상인 것이다.

그러면 그 세계의 모양은 어떻게 말해질까? 앞에서도 언급했듯이 비로자나불은 어디까지나 침묵하고 있을 따름이다. 그것은 끝없는 진리의 바다이며 한없는 진실의 힘이다. 진리 자체 · 진실 자체이므로 말할 도리가 없다. 그래서 이런 부처님을 에워싸고 있는 보살이나 신(神)들이 부처님 대신으로 부처님의 세계에 대해 설하는 것이다.

경전은 이런 보살들의 성격을 다음과 같이 말하고 있다.

"이 보살들은 옛날에 함께 수행했던 비로자나불의 친구로서, 모든 뛰어난 덕을 완성하였다. 그들은 보살의 수행을 완성했으므로 지혜의 눈이 밝고 투철하여 과거 · 현재 · 미래를 통찰할 수 있다. 그 마음은 고요히 통일되어 있거니와, 진리를 말하기 시작하면 광대한 바다 같아서 다하는 일이 없다. 모든 사람들의 마음의 움직임을 알고 있어서, 그것에 응해 그 고통을 제거해 주며, 또 어떤 사태 속에도 들어가 이를 경험함으로써 버릴 것은 버리고 취할 것은 취한다. 모든 부처님의 세계에 놀고 정토를 건설하고자 서원을 일으키며, 무수한 부처님을 예배 · 공양한다. 그리고 그 몸은 부처님의 공덕으로 차 있다."

(世間淨眼品)

비로자나불을 대신하여 부처님의 세계에 대해 설명하고자 하는 보살로서는 그 자격이 충분하다고 하지 않을 수 없다. 그들은 철저하게 보살행을 완성했으며 비로자나불의 세계에 침투해 있다. 지혜의 눈은 열렸고 심신은 고요히 통일되어 있다. 그러기에 진리를 말하기 시작하면 종횡 무진하여 설해도 설해도 다함이 없는 것이다. 그래서 그들은 각자의 생각대로 부처님의 세계를 찬탄하게 된다. 이를테면 이런 것이 있다.

"부처님의 경계는 깊어서 마음으로 헤아리지 못한다. 부처님은 신통력에 의해 한 개의 털구멍 안에서도 중생들을 위해 진리를 설하여 밝히신다."

(世間淨眼品)

"불신(佛身)은 청정하며 언제나 고요하다. 비록 시방(十方)을 비친다 해도 불신은 모습이 없고 형체를 나타내는 일도 없어서 마치 하늘에 떠 있는 구름과 같다. 이렇게 불신은 고요한 통일의 경지이기 때문에 어떤 중생도 마음으로 헤아리지 못한다."

(同上)

"부처님은 진리의 대해를 한 마디 말로 설하되, 조금도 모자람이 없다. 부처님의 미묘한 음성은 깊고 만족스러운 것이어서, 중생은 각기 능력에 따라 그 가르침을 이해하게 된다. 삼세(三世)[1] · 시방의 부처님들이 얻으신 보살행은 모두 이 부처님의 몸 안에 나타나 있건만, 부처님은 조금도 의심하고 계시지 않는다."   (同上)

"중생의 세계는 대해처럼 넓거니와, 부처님은 그 마음을 잘 아시어 중생의 지혜의 바다를 개발하신다. 부처님은 이 세상에 나타나서 널리 시방을 비추어 남기심이 없다. 부처님이 중생의 생활 속에서 고행하시는 것은 오로지 중생을 위하심이다. 그때 그때에 응해 부처님은 미묘한 몸을 나타내시지만, 그것은 마치 보름달과 같고, 또는 허공에 청정한 빛이 비치는 것과도 같다.

(同上)

"중생의 죄악은 깊고 무거워, 언제까지 가도 부처님을 만나 뵙지도 못한 채 미혹의 세계를 유전하여 계속해 일어나는 고통을 받고 있다. 부처님은 이런 중생들을 구하고자 이 세상에 나타나신다. 부처님은 시방의 중생들 앞에 나타나시어, 온갖 세계에 있는 중생의 고통을 제거하신다."   (同上)

이런 식으로 그들은 부처님의 경계 · 부처님의 지혜 · 부처님의 능력 따위를 자기가 이해하는 한에서 찬탄하는 것이다. 그들 중에는 보현 보살이나 보덕지광(普德智光) 보살 등 뛰어난 보살들도 끼어 있지만, 또 삼십삼천(三十三天)[2] · 야마천(夜摩天)[3] · 도솔천(兜率天)[4] · 화락천(化樂天)[5] · 타화자재천(他化自

---

1) 과거 · 현재 · 미래.
2) 욕계(欲界) 6천의 제2천. 여기서는 그 임금.

在天)[6] 따위의 수많은 제천(諸天), 또는 아수라(阿修羅)[7] · 라후라(羅侯羅)[8] · 긴나라(緊那羅)[9] 따위의 악귀나 귀신도 있다. 그런 숱한 군중이 부처님 곁에 시립하고 부처님을 수호하고 있다. 이런 이들이 번갈아 가면서 부처님의 세계를 찬탄하고 나자 이 비로자나불의 세계가 육종 십팔상(六種十八相)[10]으로 진동했다고 한다. 비로자나불의 세계란 연화장 장엄 세계(蓮華藏莊嚴世界)[11]라 불리는 것이다.

그런데 여기에 불가사의한 일이 일어난다. 이만큼 비로자나불의 세계에 몰입하여 보살행을 실천하고 저마다 느끼는 바에 따라 부처님의 경계를 찬탄했던 보살들이, 사실은 부처님의 세계에 대해 참말로는 이해하지 못하고 있다고 되어 있는 것이다. 대체 부처님의 경지란 무엇일까, 부처님의 행(行) · 부처님의 힘 · 부처님의 명상 · 부처님의 지혜란 대체 무엇일까? 그런 의문이 그들의 마음에 일어난 것이다.

이는 극히 흥미 있는 일이기도 하거니와 또 매우 뜻 깊은 바가

---

3) 욕계 6천의 제3천. 또는 그 임금

4) 욕계 6천의 하나. 또는 그 임금.

5) 6욕천의 하나. 또는 그 임금.

6) 6욕천의 하나. 또는 그 임금.

7) 싸우기를 좋아하는 귀신.

8) 아수라왕의 하나. 해와 달을 가리어 일식 · 월식을 일어나게 한다는 전설이 있다.

9) 팔부중(八部衆)의 하나. 사람인지 짐승인지 모르는 노래하는 괴물.

10) 여러 가지로 천지가 진동하는 모양. 동(動) · 변동(徧動) · 등변동(等徧動) · 기(起) · 변기 · 등변기 · 각(覺) · 변각 · 등변각 · 진(震) · 변진 · 등변진 · 후(吼) · 변후 · 등변후 · 용(涌) · 변용 · 등변용.

11) 비로자나불이 있는 세계. 이 부처는 우주 자체이므로, 우주 전체를 연좌로 본 것이겠다.

있다. 종교적 세계의 근본 문제가 여실히 여기에 나타나 있다고 하여도 된다. 우리는 부처님을 예배하고, 부처님을 명상하고, 부처님과 교류하고, 부처님을 느끼고 있다. 부처님은 우리에게 이해되었다고 믿고 있다. 그러자 여기에 문제가 생긴다. 부처님이 우리에게 이해되었다고 믿는 순간, 우리는 기실 자기 눈앞을 보고 있는 데 대해, 부처님은 어느 결엔지 우리 뒤의 무한한 배경에 펼쳐져 버리는 것이다. 말하자면 내가 바라보고 있는 방향과 부처님의 소재가 반대의 위치에 있는 것이며, 또는 무관계인 채 떨어져 있는 것이다. 우리는 부처님 앞에 무릎을 꿇고 부처님을 느끼면서 어느 사이엔지 내 앞을 보지만, 부처님 쪽으로는 눈을 안 준다. 이것이 인간의 숙명일까? 여기에 빼도 박도 못할 아집(我執)이 잠재해 있는 것 같다. 그 아집은 영원의 옛날부터 축적되어 온, 말하자면 묵은 아집이다. 의식의 표면에 떠오르는 수도 있으나, 그 근원은 워낙 인간성 속에 깊이 뿌리박혀 있다. 이것 때문에 우리는 광대 무변한 부처님의 세계에 잠기고 그것을 느끼면서도, 역시 눈앞을 보게 되고 만다.

플라톤이 한 유명한 동굴의 비유를 독자들은 알 것이다. 우리 인간은 그 동굴 속에서 밖으로부터 비쳐오는 빛에 대해 등을 돌리고 앉아 있다. 우리에게는 그 빛의 희미한 그림자만이 눈에 비친다. 그러나 결코 빛 쪽을 향해 돌아앉지는 않는다.

인간은 이 비유처럼 동굴의 어둠 쪽을 향해 앉아 있으면서, 빛에는 등을 돌리고 있는 것이다. 우리는 부처님의 빛에 접하여 그 광대 무변한 세계를 느끼기는 하나, 부처님 쪽으로는 향하지 않고 자기 눈앞을 보아 버린다. 참으로 기묘하지 않은가? 여기에 숙업(宿業)의 분명한 흔적이 있는 것일까?

결국 보살들은 참말로는 부처님의 세계를 이해하고 있지 않은 것이다. 그래서 그들은 부처님에게 다음과 같이 청한다.

"부처님께서는 한없는 시일에 걸친 수행을 완성하사, 자연히 깨달음을 여셨습니다. 그리고 때와 곳을 불문하고 몸을 나타내어 중생을 제도하고 계십니다. 그 활동은 마치 구름이 일어나 허공을 가득히 채우는 것과도 같으십니다.

무수한 보살들이 한마음으로 합장하여 오로지 부처님을 우러러 뵙고 있습니다. 부디 보살들의 청에 응하사, 뛰어난 진리를 설하시어서 그 의혹을 풀어 주시옵소서. 부처님의 경계ㆍ부처님의 지혜와 힘은 어떤 것이옵니까? 부디 우리를 위하사 나타내 주시옵소서. 부디 가르침의 크나큰 구름을 일으키셔서 중생들 위에 진리의 비를 내려 주시옵소서." (盧舍那品)

이때 보살들의 소원을 들은 부처님은 하나하나의 치아 사이에서 무수한 광명을 발산하신다. 그 하나하나의 광명으로부터 다시 무수한 광명이 나뉘어 나와 무량한 부처님들의 국토를 두루 비춘다. 보살들은 이 광명에 의해 비로자나불의 연화장 장엄 세계의 크나큰 바다를 볼 수가 있었던 것이다.

"마치 봄 밤의 달이 허공에 빛나서 어둠이 없듯, 부처님의 광명은 비치지 않는 곳이 없다.

부처님의 광명은 한이 없어서 능히 헤아릴 수가 없다. 마음의 눈이 열려 있는 사람조차 알기는 어렵다. 하물며 망령된 경계에 잠겨 있는 이들일까보냐.

부처님의 광명은 어디선지도 모르게 와서는 어딘지도 모르게 사라진다. 생기는 일도 없고 멸하는 일도 없어서 빈 골짜기에 소리가 울리는 것과도 같다."

(夜摩天宮菩薩說偈品)

부처님의 광명에 의해, 또는 그 광명을 통해 부처님의 세계를 본다는 것은 뜻 깊은 표현이다. 그렇지 않고서는 부처님의 세계를 보기가 정녕 불가능하기 때문이다. 부처님을 보고 있다고 자처하면서 사실은 자기 의식 속에서 그 환상을 보고 있는 것, 이것이 우리의 실정이다. 의식에서 보는 것은 의식의 환상에 불과하다. 그러나 이 의식이란 것이 또한 참으로 복잡성을 띠고 있다. 결코 평탄·단순한 것이 아니다. 이를테면 우리 육체 속을 혈관이 돌고, 그 혈관이 또 무수한 모세관으로 나뉘어 있듯이, 의식도 또한 그것에서 그것으로 연상 관념이 나뉘어 가서 끝나는 데가 없다. 이러한 우리의 의식 세계·아집의 영역에 일일이 대응하려는 듯 부처님의 광명은 무수하게 발산되고, 또 그 광명의 하나하나로부터 다시 무수한 광명이 갈라져서, 무량한 부처님들의 국토, 비로자나불의 세계를 두루두루 비추고 있는 것이다.

이런 광명 속에 떠올라 온 부처님의 세계를 보고 나서, 보살들은 다음과 같이 말하고 있다.

　"많은 훌륭한 불자(佛子)들아, 부처님을 섬겨 받들어라. 그리고 오직 한마음으로 경례하여 부처님을 우러르라. 부처님이 설하시는 진리는 그 한 마디 속에서도 가없는 경권(經卷)의 바다를 흘러 나오게 하여, 일체 중생에게 감로(甘露)[12]의 비를 내리시고 있다. 부처님의 대지(大智)의 바다는 속의 속까지 광명으로 비쳐져서, 진리로 가는 모든 길이 그 속에 충만해 있다."

(盧舍那品)

　이때 부처님은 이 모든 보살들에게 부처님의 무량 무변한 세계, 자유 자재한 진리에의 길을 이해시키기 위해 미간의 백호(白毫)로부터 광명을 발하신다. 그 빛은 두루 모든 부처님의 나라들을 비추어 보현 보살을 나타나게 하고, 그것을 대중에게 보이신 다음 광명을 발바닥 속으로 거두어 들이신다. 보현 보살은 부처님 앞에서 연화장의 사자좌(불좌)에 앉아 부처님의 신통력에 의해 삼매에 든다. 이것이 '비로자나 불신의 삼매'라고 불리는 삼매이다.

　보현 보살이 삼매에 들 때, 자기 힘이 아닌 비로자나불의 신통력·본원력에 의지한 것은 매우 중요하다. 그것은 우리가 선정 삼매에 들 때에 지녀야 될 기본 정신이라고 할 수 있겠다. 우리

---

12) 불타의 가르침의 비유.

가 우리의 힘으로 들어가는 삼매는 기껏 잠재 의식에 그치는 것이어서, 이미 말한 바와 같이 그 삼매 자체가 아집의 형태를 떠나지는 못하고 말 터이다. 진실한 삼매란 부처님의 삼매뿐이다. 부처님의 힘에 의해, 우주 자체의 힘에 의해, 그 힘 안에서 삼매에 들 때에야 참으로 부처님의 세계에 접하고, 부처님의 광명에 젖을 수가 있는 것이다. 아집의 형태를 떠나 끝 모르는 진리의 크나큰 바다에 떠오를 수 있는 것이다.

더욱이 보현 보살이 '비로자나 불신의 삼매'에 든 것은 단순히 자기 한 사람의 깨달음 때문은 아니다. 그것은 여러 부처님들의 진리를 설하여 전하기 위함이고, 또 일체 중생의 번뇌를 없애서 청정한 도를 얻게 하기 위함이고, 다시 일체 제불의 경지에 자유 자재하게 들어가게 해주기 위함이다. 단순히 자기 한 사람만의 깨달음의 경지라는 것은 있을 수 없다. 모든 중생들은 비로자나 불의 세계 속에서 서로 융합되어 있으며, 부처님의 광명 속에서 그 빛을 받고 있는 까닭이다.

보현 보살은 이 삼매 속에서 시방의 여러 부처님들로부터 온갖 지혜를 받고 있다. 이를테면 무량 무변의 진리의 세계에 들어가는 지혜, 과거 · 현재 · 미래의 여러 부처님들이 계신 곳에 이르는 지혜, 무량한 중생의 세계에 들어가는 지혜, 일체 중생의 언어의 바다를 가지고 진리를 설하는 지혜 등이다. 이런 지혜는 하나도 자기 힘으로 자기 속에서 얻을 수 있는 것은 아니다. 그것은 자기를 싸고 자기에게 침투해 있는 부처님의 힘에 접촉함으로써 비로소 얻어지는 것이다.

이런 광경을 본 무수한 보살들은 일제히 소리를 질러 보현 보살에게

　　"부디 청정한 가르침을 전해 주십시오."

하고 청하는 것이다.

세계의 표시

보현 보살은 이 대삼매로부터 깨어나서, 비로자나불을 대신하여 비로자나불의 세계, 곧 연화장 장엄 세계의 크나큰 바다의 광경을 설하기 시작한다. 물론 보현 보살 개인의 힘으로 설하는 것은 아니다. 부처님의 신통력을 받아 일체 중생을 지혜의 대해로 들어가게 하려는 소원에서 설하는 것이다.

보현 보살은 비로자나불의 세계의 광경을 열 가지 관점에서 보고 있다. 여기서 주의할 일은 비로자나불 자체의 세계와 보현 보살이 설하게 되는 그 광경의 차이이다. 비록 이 보살이 부처님의 신통력을 받고 설하기는 할망정, 설해진 세계의 광경과 세계 자체는 아무래도 차이가 날 터이다.

첫째로 비로자나불 자체의 세계의 광경이란 무엇일까? 그것은 말할 것도 없이 비로자나불 자신이 침묵하고 있는 세계이다.

비로자나불이 침묵한다면 우리도 침묵할 수밖에 없다. 그도 침묵하고 나도 침묵하여, 오직 침묵을 통해서만 끝없는 부처님의 세계에 몸을 던지는 수밖에 없다. 침묵은 최고의 웅변이라 하지만, 과연 우리가 침묵만으로 그 세계를 인식할 수 있을지 모를 일이다.

둘째로는 비로자나불이 발하는 무수한 광명에 의해 비로자나불의 세계가 떠올라 온 일이다. 이는 빛도 형태도 없는 침묵 그것으로부터 시각적인 영역으로 옮겨 온 것이라 하겠다. 우리 쪽에서 본다는 첫째의 침묵에 비해 부처님의 광명에 의하여 부처님을 볼 수 있다는 확실성이 있다. 부처님을 본다는 확실성에서 말한다면 광명에 의지하는 것은 극히 자연스러우며 극히 순수하다고 하겠다.

그러나 부처님 자체의 세계에서 볼 때는 어떠할까? 부처님 자체는 빛도 없고 형태도 없는 법신(法身)[13]이며 침묵 그것이다. 그 침묵 자체가 광명에 의해 형상을 드러낸 것이다. 형상이 없는 끝 모르는 세계와 형태를 갖추고 있는 세계 사이에는 아무래도 차이가 있을 것이다. 이렇게 볼 때 궁극의 궁극적인 것, 끝 모르는 부처님의 세계(그것은 사실 우리 자신의 이 세계이긴 하나) 자체는 빛도 형상도 없는 법신, 침묵 자체인 비로자나불이 아니겠는가.

---

13) 인간으로서 깨달음을 얻어 부처가 되는 것은 깨달음이 진리·진여와 합치했기 때문이다. 그러므로 이 진리·진여를 인격화할 때, 빛깔도 형상도 없는 영원의 불신이 생긴다. 이것이 법신이다. 보신(報身)·응신(應身)과 함께 삼신(三身)이라 한다.

셋째로는 보현 보살이 이제부터 설하려 하는 연화장 장엄 세계(비로자나불의 세계)의 광경이다. 여기서는 둘째 번의 시각 세계가 다시 언어의 영역으로 옮겨진다. 광명에 의해 부처님의 세계를 본다는 순수성이 없어지고 언어에 따르는 갖가지 관념이 뒤엉키게 되어 차이는 더욱 격심해진다. 더구나 보현 보살은 그것을 열 가지 관점에서 바라보고 있다. 끝 모르는 부처님의 세계가 열 가지 측면으로 한정되고 만 것이다. 그러나 우리 쪽의 이해에서 말한다면 어떠할까? 비로자나불의 세계가 언어의 영역으로 옮겨짐으로서 객관적으로 이해할 수 있는 가능성이 생긴 셈이다. 어쨌든 보현 보살의 설명을 듣는 것에 의해 그 관념을 통하여서 우리는 비로지나불의 세계를 상상할 수 있게 되는 것이다.

그러면 이 보살이 포착한 비로자나불의 세계의 광경은 어떠할까? 열 가지 관점에 대해 하나하나 문제를 생각해 보자.

"첫째, 모든 세계라는 '바다'는 끝없는 인연에 의해 성립했다. 모든 것은 인연에 의해 이루어졌고, 현재 이루어지고 있으며, 또 미래에도 이루어질 것이다.

여기서 인연이라 함은 다음 사실을 가리킨다. 즉 그것은 부처님의 신통력이다. 또 모든 사물은 있는 그대로라는 점이다. 또 중생의 행위나 숙업(宿業)이다. 또 모든 보살은 궁극적인 깨달음을 얻을 가능성이 있다는 일이다. 또 보살들이 부처님의 국토를 청정하게 하는 데 자유 자재하다는 점이다. 이것이 세계의 '바다'의 인연이다.

　비로자나불의 경지는 도저히 헤아릴 수 없거니와, 우리가 경
험하듯 모든 것이 안정되어 있다. 왜냐하면 비로자나불은 무량
무변의 모든 세계를 정화하고 계시기 때문이다."　　　(盧舍那品)

이것은 열 가지 관점 중의 첫째 입장을 말한 것이어서, 말하자
면 전체의 총론에 해당한다. 그 밖의 아홉 가지 관점은 이 총론
에 대한 각론이라고 생각해도 된다. 따라서 이 글에는 비로자나
불의 세계의 광경이 총괄적으로 묘사되어 있다.

　이 글을 잘 고찰해 볼 때, 여기에는 대체로 세 가지 주제가 포
함되어 있다고 생각된다. 첫째는 비로자나불의 세계가 한없는
인연에 의해 성립되어 있다는 것, 둘째는 그 한없는 인연의 세계
가 비로자나불에 의해 정화되고 장엄(꾸미는 것)되어 있다는 것,
그리고 셋째는 비로자나불의 세계란 특별한 부처님의 세계가 아
니라 사실은 우리 자신의 세계를 말한다는 것이다.

　첫째의 한없는 인연이란 무엇일까? 모든 사물은 무한의 과거
로부터 인연(조건)에 의해 이루어졌고, 현재도 그러하며, 미래에
도 또한 그러리라는 것이다. 무한의 과거로부터 무한의 미래에
이르기까지 일체가 인연에 의해 성립하고 있음을 강조한다. 인
연이란 보통으로 말한다면 모든 사물이 인(因)과 연(緣)으로 이
루어졌음을 뜻한다. 그런데 여기서 말하는 인연은 좀더 깊은 뜻
을 지니고 있다. 즉 인연이란 부처님의 신통력, 사물은 모두 있
는 그대로 있다는 것, 중생의 행위나 숙업, 모든 보살은 궁극의

깨달음을 얻을 가능성이 있다는 것, 보살들이 부처님의 국토를 정화하는 데 자유 자재한 것 따위이다.

결국 보통의 인연관과 여기에서 말하는 인연 사이에는 질적인 차이가 있다고 하겠다. 우리는 모든 것이 서로 의지하고 서로 결합함으로써 존재한다는 식으로 인연을 객관적으로 생각하기 쉽다. 생각하고 있는 자기와 대상이 되고 있는 인연은 떨어져 있다. 생각하고 있는 자기 자신은 조금도 인연 속에 들어가 있지 않다.

그러나 여기서 말하는 인연은 그렇지 않다. 자기가 한없는 인연 속에 들어가, 인연 자체가 되어서 인연을 체득하고 있는 것이다. 이를테면 인연이란 사물은 있는 그대로라는 것과 중생의 행위나 숙업 같은 것을 말한다고 할 때, 이 정도는 일단 우리도 이해가 간다. 그러나 사물의 있는 그대로의 모습이나 우리의 행위나 숙업에 대해 참으로 깊이 파악하고 보면 사실은 그것이 부처님의 신통력이라는 것, 따라서 우리는 궁극의 깨달음의 가능성을 지니고 있다는 것, 다시 또 그런 까닭에 우리는 자유 자재로 부처님의 국토를 청정하게 할 수 있다는 사실 같은 것이 이해된다. 한없는 인연이란 바로 이 사실을 가리키고 있다.

그러기에 둘째 주제는 스스로 명백해진다. 즉 비로자나불의 경지는 도저히 헤아릴 수 없지만, 우리가 경험하고 있는 바와 같이 모든 것이 안정되어 있다는 것이 그것이다. 왜냐하면 이 무량무변한 세계의 크나큰 '바다'는 비로자나불에 의해 정화되고 장엄되었기 때문이다. 이것은 첫째 주제의 연속이며 그 결론이라 할 수 있을 것이다.

그리고 또 셋째 주제도 또한 스스로 명백해진다. 즉 비로자나불의 세계란 특별한 영역이 아니라 사실은 우리 자신의 현실 세계라는 점이다. 이 사실은 앞에 인용한 글 속에 나타나지 않지만, 한없는 인연이라고 한 점에서도 명백한 일이며, 다음에 계속되는 각론에서도 언급되는 바이다. 그러나 현실의 세계라고는 해도 그것은 우리의 범안(凡眼)에 비치는 그 모양이 아니라, 부처님의 한없는 지혜 속에 떠오르는 현실의 실상(實相)임을 알아야 된다. 더구나 그 지혜는 잠재적으로 우리에게도 부여되고 있다. 또는 우리 자신이 그 부처님의 지혜에 의해 투시되고 꿰뚫어져 있다고 말해도 좋으리라. 그런 까닭에 우리는 부처님을 예배하고 부처님에게 귀의 · 순종하는 것에 의해 부처님이 보는 현실계의 상황(곧 비로자나불 세계의 광경)을 스스로 우리 눈에도 비치도록 할 수 있는 것이다.

다음에 둘째 관점으로 옮겨가 보자. 여기서부터는 말하자면 각론에 해당한다. 앞서 둘째 관점에서는 세계의 여러 가지 근거가 설해져서, 그 근거에 따라 각각의 세계는 안정되어 있다는 사실을 논한다. 이를테면 하나하나의 세계는 불력(佛力)의 장엄에 의해 안정되고 있으며, 허공에 의해 안정하고 있으며, 부처님의 광명에 의해 안정하고 있으며, 환상 같은 업력(業力)에 의해 안정하고 있으며, 보현 보살의 원력에 의해 안정하고 있다고 한다.

즉 여기서는 세계의 여러 가지 근거와 그것에 기인한 안정이 설해지고 있다. 근거에는 여러 가지가 있으나 세계가 안정하여 있는 것에는 변함이 없다. 그렇다면 근거의 갖가지 형태도 그 실체가 몇 가지나 있다는 것이 아니라, 똑같이 안정해 있는 근거가 여러 방면에서 고찰될 수 있다는 것이리라. 따라서 그 여러 가지 방면은 하나하나의 뜻에서 말하자면 서로 통한다고 할 것이다.

즉 불력(佛力)의 장엄·허공, 부처님의 광명·환상 같은 업력, 보현 보살의 원력 따위가 문제되고 있거니와, 본질적으로 이런 여러 관념은 근본이 합치하고 있다고 보인다. 불력의 장엄·부처의 광명·보현 보살의 원력 따위는 당연히 같은 것이라 하여야겠지만, 그것들이 허공이나 업력과 동일시되고 있는 것은 무슨 까닭일까? 허공이란 끝없는 넓이, 무엇에도 집착하지 않는 맑게 갠 마음, 깨끗하고 밝은 순수한 세계 같은 것을 연상시키지만, 우리가 그런 허공의 의미에 파고들면 들수록 불력·부처의 광명·보살의 원력 따위와의 연결을 생각하게 되는 것은 극히 자연스러운 귀결일 터이다. 더구나 그것이 동시에 우리 자신을 움직이는 업력이라고 자각할 때, 업력이 그대로 불력의 장엄, 보살의 원력이 되어 버리는 것이다.

나는 꽤 오래 전에 동경대학 병원의 외과 수술대에 누운 적이 있다. 수술대에 오를 때까지는 복통 때문에 칠전 팔도하여 오직 고통을 주체하지 못하는 형편이었다. 그러던 것이 수술대에 누운 순간부터 이미 몸도 고통도 어찌할 도리가 없다 하여, 거의 스스로 의사가 되어 버린 듯이 느꼈던 일을 기억한다. 자기 몸의 고뇌의 업력이 그대로 의사의 원력이 되어 메스 빛에 비치게 된 것이다.

셋째의 관점에서는 세계의 갖가지 형태를 들고 있다. 즉 원·삼각·사각·팔각, 또는 물이 꼬불꼬불 구부러져 흐르는 모양이나 꽃의 형상같이 갖가지라고 한다.

그런데 세계의 형태는 삼각·사각같이 눈에 보이는 것만이 아니다. 눈에 보이는 것도 실로 복잡하려니와, 눈에 안 보이는 것은 그보다도 더 다양하다. 깨끗한 것이 있는가 하면 더러운 것도 있고, 괴로운 것이 있는가 하면 즐거운 것도 있다. 또 그런 것들이 항상 유전(流轉)하는 데 따라 그 사태도 바뀌어 간다. 눈에 안 보이는 복잡한 세계는 눈에 보이는 갖가지 형태마저도 포용한 채 항상 유전하고 변천해서 그치는 법이 없다. 이는 오로지 우리의 업(무한한 과거로부터의 행위)에 의해 일어난 것이어서, 일체의 업해(業海)는 오직 불가사의하다고 할 수밖에 없다는 것이다. 그리고 이 끝 모르는 업해야말로 바로 무량한 부처님의 국토이며 불력에 의해 장엄되어 있는 고장이라고 한다. 비로자나불의 세계란 실로 이 고락이 뒤엉킨 현실 세계 자체에 다름 아닌 것이다.

"한 개 털구멍 속에 무량한 부처님의 국토가 장엄되어 유유히 안정해 있다. 모든 세계에는 갖가지 형태가 있거니와, 어느 형태의 세계에서나 존귀한 불법이 설해지고 있다. 그것이야말로 비로자나불의 설법이다. 이것이 비로자나불의 본원력·신통력의 소치이다. 그것은 마치 환상 같으며 또 허공과도 같다."

(盧舍那品)

일찍이 중국에 혜사(慧思)라는 선사가 있었다. 구도를 위해서라면 만 번 죽어도 사양치 않을 격렬한 성격의 소유자였다. 지나치게 엄격한 수행을 한 나머지 마침내 병에 걸리고 말았다. 그는 이 병을 기연(機緣)으로 하여 깨달은 바가 있어서, 다음과 같은 시를 전하고 있다.

　　나를 이제 괴롭히는 병이라는 것
　　모두가 업에서 생겨났네.
　　업은 마음에서 일어났기에
　　본래 외경(外境)이 있음 없어서
　　마음속 두루두루 찾아보건만
　　마침내 업을 잡지 못하였어라(不可得).
　　이 몸을 구름의 그림자라면
　　만유는 모두 다 텅 비인(空) 그것.

　자기의 병은 업에서 생겨났고, 그 업은 마음에서 일어난 것이므로, 업이라는 외적인 세계가 있는 것은 아니다. 그래서 돌이켜 마음의 근원을 살펴보면 업은 불가득이라 잡히지 않는다. 내 몸은 마치 구름의 그림자 같으며, 형태 있는 것 모두는 본래 공(空)이라고 하는 것이다. 그는 이렇게 깨달음으로써 마음이 깨끗해지고, 병의 고통도 완전히 없어졌다고 한다. 결국 그는 병의 고통으로부터 업의 세계에 주목하여, 업은 마음의 작용에 불과하며, 따라서 그것 자체는 공이라는 것을 깨달은 셈이다. 즉 병의 고통도 업도 완전한 공이라는 사실을 체득하여 그 고통으로부터 해방된 것이다.

그러나 이 자각은 그 자신도 깨닫고 있듯이 아직 철저하지는 못하다. 그것은 아직 공에 집착해 있는 태도이다. 그는 그 여름이 지나도록 아무 얻은 바가 없음을 개탄하며 벽에 몸을 기대려다가 홀연히 대오(大悟)하는 바가 있었다. 그리고 법화 삼매에 들어감으로써 대승의 법문(法門)이 대번에 이루어졌다고 한다. 즉 다만 공에 머물러 병의 고통이 스러진 것만으로는 충분하다고 할 수 없다. 그 업이 불가득이요 공이며 동시에 부처님의 힘에 의해 한없이 장엄되어 있다는 사실을 자각하지 않으면 안 된다. 단순한 공이 아니라 업력 자체가 바로 공인 것이며, 그 공 자체가 끝없는 부처님의 힘에 의해 채워져 있는 것이다. 그리고 그렇게 부처님의 힘에 의해 채워져 있는 것이 곧 비로자나불의 설법이다. 이를테면 자기의 사소한 번뇌 한 조각을 깨물어 보면, 그 한 티끌 속에서 무수한 부처님들의 설법을 들을 수 있는 것이다.

지금까지 세 가지 관점에 대해 논해 보았거니와, 첫째의 인연관을 총론으로 하여 이 세 가지 것들 속에 비로자나불 세계의 광경이 거의 다 나타났다고 생각된다. 넷째 이하는 아직 그것으로 부족한 점이 보충되어 있다고 보면 된다. 그러면 잠깐 그 문제의 요점을 간추려 보자.

넷째에서는 모든 세계에서의 여러 가지 체(體)가 문제되고, 다섯째에서는 헤아릴 수 없는 장엄을 말하고, 여섯째에서는 보살의 갖가지 방편을 보이고, 일곱째에서는 무수한 부처님들의 출현을 논하고, 여덟째에서는 각 세계의 시간에 대해 고찰하고, 아홉째에서는 세계의 갖가지 변화를 나타내고, 열째에서는 세계에 많은 무차별이 존재함을 강조한다.

넷째 번의 체라고 하는 것은 이를테면 많은 보배에 의해 장엄되어 있는 체, 또는 금강(金剛)같이 견고한 대지의 체 따위를 말한다. 요컨대 이것은 세계 자체의 본체(本體)는 광명이며 장엄이며 원력(願力)이어서, 결코 부서지는 일이 없다는 것을 말한 것이다. 따라서 그 정신은 첫째 번의 전 세계는 비로자나불에 의해 장엄되어 있다는 사실, 또는 둘째 번의 세계는 불력·광명·원력 등을 근거로 하여 안정되어 있다는 사실 같은 것과 통한다고 할 수 있겠다.

다섯째의 헤아릴 수 없는 장엄도 마찬가지로 첫째·둘째 것과 비슷한 성격이라 할 수 있다. 이를테면 다음과 같은 일이 설명되고 있다.

"시방(十方) 세계의 '바다'는 갖가지 모양으로 장엄되어 있어서 광대 무변하다. 중생의 숙업(宿業)의 '바다'는 넓어서 가이없으며 그때그때 변화해 가지만, 그 밑바닥의 밑바닥까지 여러 부처님의 능력에 의해 장엄되어 있는 것이다." (盧舍那品)

여섯째의 보살의 방편은, 이제까지의 관점에서는 충분히 설명되지 않았던 광경이어서 매우 중요하다고 하겠다. 즉 보살이 진리를 추구해 마지않는 불굴의 정신과 싫증을 모르는 실천, 이것이 비로자나불의 세계의 광경을 표시하고 있는 것이다. 경문을 조금 인용해 보자.

"보살은 많은 선지식(좋은 스승)에 가까이 하여 덕을 닦고 지혜를 연마하며, 또 뛰어난 경지를 관찰하여 이에 도달하며, 혹은 중생의 갖가지 고뇌를 제거하고자 염원한다.

모든 불국(佛國)의 장엄은 헤아릴 수 없는 원해(願海)로부터 생기고, 모든 불국의 청정한 광명은 보살의 깊은 업력(業力)으로부터 나타난다.

보살은 구원의 옛날로부터 선지식에 가까이 하여 수행하며, 그 자비심은 두루 흘러서 중생들을 적시고 있다. 그러므로 보살은 세계해(世界海)를 정화하는 것이다.

보살은 깊은 청정심을 일으켜 부처님을 믿어 의심치 않으며, 어떤 고난이라도 참고 견딘다. 이러므로 보살은 세계해를 정화하는 것이다.

보살은 중생을 위해 청정의 행(行)을 다하고, 중생은 그것에 의해 무량한 복덕을 얻는다. 이러므로 보살은 세계해를 정화하는 것이다.

보살은 여러 부처님들의 공덕해(功德海)에 들어가, 모든 중생으로 하여금 괴로움의 근원을 캐게 함으로써 광대한 불국을 완성한다. 이러므로 보살은 세계해를 정화하는 것이다."

(盧舍那品)

이리하여 보살의 한없는 행(行)이 비로자나불 세계의 광경을 표시하고 있다는 것은 매우 중요하며, 『화엄경』이 현실 사회에서 갖는 의미는 바로 여기에 있다고 해도 된다. 왜냐하면 우리는 오직 우리네 보살의 실천을 통해서만 현실 위에 비로자나불 세계의 실현과 장엄을 바랄 수 있기 때문이다. 이 주제에 대해서는 앞으로 항목을 바꾸어 보살의 인생 행로를 논해 보겠다.

　일곱째에서는 각 세계에서의 부처님들의 출현이 이야기되고 있다. 그 모습으로 말한다면, 몸이 작은 부처님도 있고 큰 부처님도 있으며, 그 목숨에도 장단이 있으며, 다만 한 국토를 정화하는 일도 있고 또 무수한 불국을 정화하는 일도 있으며, 오직 한 가지 법을 설하는 일이 있는가 하면 불가사의한 온갖 법을 설하기도 하며, 일부의 중생을 인도하는 일도 있고 또 가없는 중생을 가르치는 일도 있다. 부처님들은 헤아릴 수 없는 방편력에 의해 모든 불국의 '바다'를 일으켜, 중생의 소망에 따라 세상에 출현하신다.

　대체 이런 부처님들이란 현실적으로 볼 때 어떤 일을 가리킬까? 우리는 일상 생활에서 갖가지 부처님들을 대한다고도 할 수 있다. 이를테면 낯선 곳에 갔다가 길을 잃어 매우 당황하고 있는 참에, 마침 지나가던 사람이 길을 일러 줌으로써 그 곤경에서 벗어나는 수가 있다. 이 경우 길을 몰라서 당황하고 있는 것만이 우리에게는 유일한 큰 문제이다. 이 문제를 풀어서 우리를 곤경으로부터 구해 주는 그 사람은 불신의 출현이라고 할 수 있을 것이다. 중생의 곤경을 구해 준다는 형태로 불신은 나타나고 있는 셈이다.

이런 불신의 원 몸, 또는 형태를 띠고 나타나는 불신의 형체 없는 막후(幕後), 그것이 곧 부처님의 법신(法身)이다.

"부처님의 법신은 불가사의하다. 빛도 없고 모양도 없어서 아무것에도 비유할 수가 없으나, 중생을 위해 갖가지 형체를 나타냄으로써 중생의 마음씨에 응해 모습을 보이신다."

(盧舍那品)

"형태로 나타난 몸은 부처님이 아니다. 음성도 또한 부처님 은 아니다. 그러나 형태나 음성을 떠나지 않으면서 부처님의 자재력(自在力)은 작용하고 있다."

(兜率宮中偈讚品)

우리는 일상 생활에서 만나게 되는 인도자의 배후에 빛도 형 태도 없는 이런 법신을 뵈올 수 있다. 또 동시에 우리는 자기 자 신을 끝없이 에워싸고 있는 무한한 힘, 즉 법신을 자기 자신의 주체에서 느낄 수 있다.

여덟째 것은 각 세계의 시간이며, 아홉째로 문제되는 것은 세 계에서의 갖가지 변화이거니와, 이 양자는 내면적으로 연결이 되어 있다고 보아야 할 것이다. 여덟째의 시간에서는 짧은 시 간·긴 시간 또는 헤아릴 수도 없을 만큼 긴 시간 같은 것이 논 해지나, 아홉째의 갖가지 변화에서는 이런 시간의 구체적인 추 이가 이야기되기 때문이다.

"이를테면 세계해(世界海)는 자연의 움직임을 따라 세상에 나타났다가, 이윽고 사라진다. 또 세계해는 번뇌의 중생이 살고 있는 까닭에 번뇌에 의해 바뀌어 간다. 또 세계해는 지혜 있는 보살이 살고 있는 까닭에 깨끗함과 더러움에 의해 바뀌어 간다. 또 세계해는 무수한 중생이 깨달음에 이르고자 하는 마음을 일으키고 있는 까닭에 오직 깨끗함에 의해 움직여 간다. 또 세계해는 모든 보살이 구름처럼 모여 있는 까닭에 헤아릴 수 없는 대장엄에 의해 움직여 간다. 또 세계해는 여래의 신통력이 작용하고 있는 까닭에 두루 청정한 채로 옮겨 간다.

이렇게 시방(十方) 일체의 국토는 오직 업력에 따라 움직이고 있는 것이다."

〈盧舍那品〉

열째에서는 세계해에서의 무차별이 설해지고 있다. 이를테면 하나하나의 세계해에 여러 부처님들이 출현하지만 그 위력은 무차별이며, 또 하나하나의 세계해 속에는 여러 부처님들의 광명이 두루 비치고 있어서 무차별이며, 또 하나하나의 세계해 안에는 여러 부처님들의 음성이 울려 퍼지고 있어서 무차별이며, 또 하나하나의 세계해에 있는 낱낱의 티끌은 삼세(三世) 제불(諸佛)의 광대한 경계를 나타내고 있어서 무차별이라는 따위이다. 다시 또 낱낱의 작은 티끌 속에 헤아릴 수 없는 무수한 부처님들이 계셔서 중생의 마음에 따라 몸을 나타내며, 드디어는 모든 국토해(國土海)에 충만한다. 이러한 방편은 무차별이라는 것이다.

이렇게 세계해에는 여러 부처님들의 갖가지 무차별이 나타나거니와, 이런 무차별의 배후에는 역시 법신(法身)이 예상되고 있는 듯하다. 빛도 형태도 없는 법신을 배경으로 해야만 각각의 무차별이 성립할 수 있다고 생각되는 것이다.

비로자나불의 세계에 대해 지금까지 논해 온 바와 같이, 부처님의 세계가 여기에서는 열 가지 관점에서 고찰되고 있다. 이 중에서 특히 중요한 것은 첫째·둘째·셋째·여섯째·일곱째 등일 것이다. 이제 비로자나불의 세계에 대한 우리의 표상(表象)을 다시 정비하기 위해 간단히 정리해 보자.

첫째 것은 모든 것이 인연에 의해 성립하고 있다는 주장이다. 그 인연이란 부처님의 신통력·중생의 숙업(宿業)·보살이 깨달음을 얻을 가능성·보살의 자유 자재한 장엄 같은 것을 말하며, 결국 끝없는 이 인연의 세계는 비로자나불에 의해 정화되고 또 안정하고 있다는 것이다.

둘째 것은 이 세계는 갖가지 근거에 의해 안정되어 있다는 내용이다. 그 근거란 부처님의 힘·부처님의 광명·보살의 원력(願力)·중생의 업력(業力)·허공 등을 말한다. 그러나 둘째 것의 취지는 첫째 관점 속에 흡수되어 버릴 터이다.

셋째 것은 우리 중생의 외형적·내면적인 유전(流轉)의 업해(業海)를 보인 것이어서, 오직 불가사의하다고 할 수밖에 없다. 그리고 비로자나불은 그 본원력·신통력에 의해 업해의 티끌 하나하나 속에서 설법하고 있다는 것이다. 이 셋째 관점도 본질적으로는 첫째 것 속에 흡수될 터이다. 다만 여기서는 비로자나불의 설법이라는 이 세계에서의 부처님의 작용이 덧붙어 있다.

여섯째 것은 보살의 진리 추구와 그 실천의 문제이다. 보살이란 말할 것도 없이 최고의 깨달음을 구하는 우리를 말한다. 그 우리가 스스로 최고의 진리를 추구한 동시에, 중생(사회)을 위해 실천하는 태도가 논해져 있다. 이런 보살의 활동은 사실은 비로자나불 세계의 광경을 표시한 셈이라는 것이다. 바꾸어 말하면 우리 자신의 진리에 대한 활동이 그대로 비로자나불의 세계를 표현하는 일이 되는 것이다. 이 여섯째 것은 이제껏 없었던 새로운 착상이라 하겠다. 이에 대해서는 뒤에서 고찰하고자 한다.

일곱째 것은 그때그때에 응해서 부처님들이 현실 세계에 모습을 드러내는 일이다. 이것은 우리의 일상적인 인간 관계에서 구체적으로 느낄 수 있는 문제이다. 그런 여러 부처님의 배후에 있는 것은 빛도 형태도 없는 법신이며 비로자나불 자체라는 것이다. 이 일곱째 것은 본질적으로 셋째의 비로자나불의 설법 속에 포함될 것으로 여겨진다. 다만 비로자나불의 설법은 눈에 보이지 않는 형식으로 행해지는 데 대해, 부처님들의 출현은 인간 관계 속에서 구체적으로 느낄 수가 있다. 그 점이 다르다면 다르다고 할 수 있을 것이다.

이상과 같이 생각을 진행시키는 데 따라 비로자나불 세계의 광경이 점차 집약되어서 어렴풋이나마 그 광경을 바라보게 될 것이다.

즉 그 광경이란 사실은 다름 아닌 이 현실 세계를 말한다. 그러나 그것은 우리의 무딘 눈으로 포착되고 있는 세계는 아니다.

부처님의 끝없는 지혜의 눈 속에 끝없이 떠오르는 이 현실인 것이다. 더구나 그것은 부처님의 눈에 포착된 것일 뿐만 아니라, 부처님의 힘이 활동하고 있는 세계이기도 하다. 단순한 적정(寂靜)의 경지가 아니라 역동(力動)의 경지이다. 그 활동의 원천이 비로자나불 자체이며, 따라서 전 세계는 근본적으로 비로자나불에 의해 장엄되고, 비로자나불 속에 뿌리박고 있는 셈이 된다. 그 비로자나불은 항상 보이지 않는 형태로 우리 현실 안에서 설법하며, 또 보이는 형태로는 여러 부처님이 되어 인간 관계 속에 출현하는 것이다.

그런데 이 세계의 활동은 다만 일방적으로 부처님 쪽으로부터만 작용해 오는 장엄이며 활동인 것은 아니다. 세계에서의 부처님의 활동은 실로 우리 자신의 끝없는 업력(業力)과 무한의 과거에서 무한의 미래에 걸쳐 윤회하고 윤회하는 불가사의한 업해(業海)를 소재로 삼고 있다. 부처님의 활동은 우리 자신의 끝없는 업해와 업력을 떠나서 있는 것이 아니다. 아니, 드디어는 그 업해야말로 부처님이 활동하는 장소이며, 업력이야말로 그 활동 자체라고 하여야 될 것이다. 그런 까닭에 우리 보살의 한없는 진리 추구와 그 사회적 실천이 비로자나불 자체의 세계의 광경을 표현하는 일이 된다. 바꾸어 말하면 이런 보살의 활동이야말로 『화엄경』의 전체라고 말해도 좋다.

어쨌든 비로자나불의 세계란 표리 일체의 끝없는 유일한 세계이다. 이를 뒤로부터 말하면 부처님은 무대 뒤 안쪽에 있으면서 바깥 무대의 전체를 내다보고 있는 것이며, 또 무대에 나타나 활동하기도 하는 것이다. 그 모양은 깊고 깊은 대침묵으로부터 우선 광명을 발한 다음 서서히 몸을 나타내어, 마침내 자유 자재로 활극을 연출한다. 이것을 밖에서 보면 이 활극이야말로 사실은 우리 보살의 활약이며, 또 그렇게 할 것을 무대 뒤의 부처님이 가르치는 것이다. 비로자나불의 세계란 말하자면 이러한 표리 일체의 끝없는 유일한 세계이다.

미숙하기는 하나마 이상으로 비로자나불 세계의 광경을 대충 표현한 셈이 될 터이다. 세계의 광경을 묘사한다는 점에서 말한 다면, 여기에 첨가할 것은 아무것도 없는 듯이 보인다. 그러나 잘 생각해 보매 사실은 더욱 중요한 것이 남아 있다. 이것 없이 는 모처럼 용을 그리면서 눈동자를 빠뜨리는 꼴이 될 터이다. 그 것은 대체 무엇일까? 말할 것도 없이 보살의 보리심(최고의 깨달 음을 구하는 마음)이다. 진리에 대한 우리 자신의 주체적인 태도 이다. 비로자나불의 세계를 묘사하면서 마지막에 와서야 이것을 깨달았으니 참으로 멍청하다고 해야겠다. 이대로라면 비로자나 불의 세계는 그림의 떡 신세로 끝날 터이다. 그러나 경전은 역시 마지막에 가서 부처님 세계의 점정(點睛)으로 보살의 보리심에 대해 신중히 서술하고 있다. 용하게도 우리의 멍청한 생각을 꿰 뚫어 보고 있지 않은가.

이 보살이란 누구일까? 그것은 보장엄(普莊嚴)이라는 소년의 보리심이다. 단순한 보살이 아니라 소년이 등장한 점에서 경전 이 취한 한층 신중한 태도가 우리의 심정으로 다가든다고 하겠 다. 그러나 우리는 이미 소년이 아니다. 그런 뜻에서는 우리는 이 경전이 나타내 보이는 보리심에 해당할 수 없다고 하여야 되리라. 그러나 경전은 소년의 마음으로 돌아가지 않고는 진정한 보리심을 일으킬 수 없다는 것을 우리에게 가르치려는 듯이 보인다. 『화엄경』의 마지막 장(章), 입법계품(入法界品)에 나오는 영원한 구도자 선재(善財)도 역시 소년이다. 소년의 순결하고 강력한 젊음만이 진실한 보리심을 끝없이 일으킬 수 있을 터이다. 그리고 이런 보리심을 끝없이 일으키는 것에 의해 비로소 비로자나불의 세계는 지금껏 말해 온 바와 같은 것으로서, 우리가 인정할 수 있는 세계가 된다.

그러면 보장엄 동자의 보리심은 어떤 것이었을까?

이 소년은 아득히 먼 옛날, 부처님의 한없는 공덕을 목격하고 무수한 삼매를 얻었다고 한다. 그때 소년이 부처님을 찬탄하여 노래한다.

천 개의 해가
함께 나타나 허공을 두루 비추는 듯
여기 도량(道場)에 앉으신 임(佛)으로부턴
광명, 오 무량한 무량한 광명!
무량 만억 겁(劫)에도 좀체 만나 뵙기 힘든
임께서 분명 여기 와 계시니
모두들 우러러 뵙네, 해처럼 해처럼.

임의 광명은 구름인가. 하늘가 저기

오색도 영롱한 곱디고운 저 구름인가.
한 분의 임이시되
어디서나 뵈옵는 분!

털구멍으로부터
임의 털구멍으로부터 구름 일듯
뭉게뭉게 구름 일듯 빛이 쏟아져
중생의 소리 따라
임의 공덕 기리고 있노니, 우렁찬 그 음성!

이 광명 뵈오매
얼음 풀리듯 괴로움 사라지고
편안코 즐거워
기쁨이여, 가슴 가득, 옴 몸 가득 차 오는 이 기쁨이여!

〔盧舍那品〕

　　그때 부처님은 일체 중생을 가르쳐 인도하기 위해 대중의 '바
다'에서 경을 설하신다. 소년은 이 경을 듣고 나서 가지가지 삼
매를 얻는다. 소년은 기쁜 나머지 다음과 같이 말한다.

눈 뜨니
오묘한 법 듣잡고 지혜의 눈을 뜨니
이는 바다, 우주를 가득 메워

푸른 물결 출렁이는 우리 임 공덕 바다!

그리고 알았노니
생사의 바다에서 무수히 무수히
목숨 버리고 보살행 닦고 불국을 장엄한 일!
귀도 버려
눈도 머리도 손발도 버려
궁전도 왕위도
모두모두 버려
불국을 장엄턴 일!
햇빛에 의해
해를 보듯이
나는 부처님의 광명 아니더면
어찌 뵐 수 있었으랴, 임께서 닦으신 길.

임의 나라에는 논에 봇물 넘치듯 더 없는 깨달음의
이 기쁨 이제 출렁이고 있거니
임의 크나큰 힘 받자와
나도 나아가리, 동터 올 그 기슭까지.

소년이 이렇게 말하고 났을 때, 무수한 중생이 모두 무상(無上)의 보리심을 일으킨다. 그리고 부처님은 소년에게 다음과 같이 설하신다.

"착하다, 소년아. 너는 용감하게 깨달음을 구했다. 너는 중생의 의지하는 바가 될 것이다. 또 언젠가 너는 부처님의 다함 없는 활동의 세계에 들어가게 되리라.

태만한 사람은 깊은 방편의 바다를 이해하지 못한다. 노력·정진의 힘이 성취됨으로써 부처님의 세계는 정화되어 가는 것이다."

여기에는 소년의 끝없는 보리심(궁극의 진리를 구하는 마음)이 나타나 있다. 소년은 나와 내 몸에 엉키는 모든 것을 내던지고 궁극의 진리를 끊임없이 추구한다. 그러나 그는 다만 혼자서 그러는 것이 아니다. 무한한 비로자나불의 크나큰 바다에 배를 내어 친히 부처님을 우러러보면서 그 불력에 인도되어 구도의 배를 달리고 있는 것이다. 이 소년에게 준 부처님의 마지막 말씀은 의미 심장한 바가 있다.

"태만한 사람은 깊은 방편의 바다를 이해하지 못한다. 노력·정진의 힘이 성취됨으로써 부처님의 세계는 정화되어 가는 것이다."

이 말씀은 원시 경전인 『열반경』에 나타난 바, 석존의 마지막 설법을 방불케 하지 않는가.

"세상 사물은 모두 파괴되어 간다. 그대들은 태만함이 없이 진리를 향해 노력·정진하라(vaya dhamma saṅkhārā appamādena sampādetha)."

이것이 인간 석존이 마지막으로 남기신 말씀이다. 비로자나불과 석존은 우리 중생을 대하는 마지막 경지에 이르러 완전히 태도를 같이하고 있지 않은가.

　진리를 향해 게으르지 말고 노력 정진하라.

　이것이 비로자나불 세계의 광경의 화룡 정점(畵龍點睛)이다.

3. 보살의 인생 행로

인생의 목표

우리는 비로자나불 세계의 광경에 대해 고찰을 마쳤다. 그것은 끝 모르게 깊은 무대 속으로부터 비쳐 나오고 장엄되고 움직이는 전일적(全一的) 표리 일체의 세계였다. 우리는 이 세계의 무대 위에서 진리를 추구하고 또 실현하는 보살로서 활동하지 않으면 안 된다. 우리는 저마다의 자유 의지에 따라 활동하는 것이 아니라, 그 의지조차도 훨씬 깊은 데서 규제하고 있는 비로자나불의 대침묵에서 발사되어 오는 광명을 온 몸에 받으면서 활동하는 것이다.

여기서는 그렇게 겉 무대에 서는 보살의 행위가 주제로 채택되고 있다.

우선 첫째로 보살이 현실 세계 속에서 활동하는 경우, 보살의 이상 또는 그 슬로건은 무엇일까?

원시 불교 이래 불교인의 기본적인 태도로서 삼귀의(三歸依)가 강조되어 왔다. 삼귀의라 함은 다음과 같은 것을 말한다.

나는 부처님(佛)에게 귀의한다.
나는 법(法)에 귀의한다.
나는 승(僧)에 귀의한다.

즉 불·법·승에 각기 귀의한다는 것이다. 원시 불교에서 말하는 부처님이란 붓다(buddha : 깨달은 사람)가 된 석존이며, 법이란 이 석존께서 설한 가르침을 말함이요, 승은 석존을 중심으로 한 출가자들의 집단이다. 그런 부처님과 법과 승에 귀의하는 것이다. 삼귀의는 불교인의 가장 기본적인 태도라 할 수 있다.

그런데 『화엄경』에서 말하는 삼귀의란 어떤 것일까? 이 삼귀의에 관한 대목은 현재도 불교 집회에서 애송되고 있으며, 널리 사람들에게 알려져 있으므로, 현대어로 옮기는 대신 직역하여 인용해 보겠다.

"스스로 부처님에게 귀의하노니, 마땅히 원컨대 중생과 더불어 대도를 체해(體解)[1]하여 무상의(無上意)[2]를 일으키겠다.
스스로 법에 귀의하노니, 마땅히 원컨대 중생과 더불어 경장(經藏)[3]에 들어가 지혜가 바다같이 되겠다.

---

1) 체득하여 이해함.
2) 최고의 깨달음을 구하는 마음. 무상 보리심.

스스로 승에 귀의하노니, 마땅히 원컨대 중생과 더불어 대중
(大衆)[4]을 통리(統理)[5]하여 일체에 무애(無碍)[6]하게 되겠다."[7]

(淨行品)

이것이 『화엄경』 정행품에 보이는 삼귀의문(三歸依文)이다.
이를 원시 불교의 그것과 비교할 때, 그 의미가 현저히 확대되어
있음을 깨닫게 되리라.

첫째, 부처란 원시 불교에서와 같이 붓다가 되신 석존을 가리
키는 것이 아니라, 『화엄경』의 부처 비로자나불이며 우주의 끝
없는 전일자(全一者)이다. 우리 보살은 이 끝없는 전일자에게
귀의한다. 그리고 스스로 전일자의 대도를 체득하여 궁극의 깨
달음의 세계에 도달하고자 하는 마음을 일으킨다. 이것이 보살
의 첫째 소원이다. 이것을 발보리심(發菩提心)이라 한다. 즉 보
리심을 일으키는 일이다. 바꾸어 말하면 궁극적 깨달음의 세계
에 도달하고자 하는 마음을 일으키는 것이다. 앞에서 말한 보장
엄 동자의 보리심도 이것이었으며, 이것이 불교의 근본이요 보
살이 갖추어야 할 기본적인 자격이다. 보살(bodhisattva)이란 본

---

3) 경전들은 진리를 간직하고 있으므로 이를 곳집에 비유한 것. 율장(律藏)·논장(論藏)
   과 함께 삼장이라 한다.
4) Samgha는 승가(僧伽)라 음역되고, 의역에서는 '대중'이라 한다. '승'이니 '중'이니 하
   는 말은 여기에서 나온 것이다.
5) 모두어 다스림.
6) 장애가 없음. 자유로움.
7) 自歸於佛 當願衆生 體解大道 發無上意
   自歸於法 當願衆生 深入經藏 智慧如海
   自歸於僧 當願衆生 統理大衆 一切無碍.

래 깨달음을 구하는 사람이라는 뜻이어서, 실로 이것을 가리키고 있는 것이다.

따라서 보리심이 없다면 보살로서 실격이며, 근본적으로 불교인이라 할 수 없게 된다. 우리는 먼저 보살로서 끝없는 비로자나불에 귀의하면서 궁극적 보리심(무상 보리심)을 일으켜야 한다. 이것이 보살의 가장 기본적인 소원이다. 더욱 중요한 것은 그것이 자기 혼자서만 보리심을 일으키는 일을 가리키고 있지 않다는 사실이다. 일체의 중생과 함께 일으켜야 하는 것이다. 자기 혼자 깨닫고자 하는 것이 아니다. 일체의 중생과 함께 깨닫고자 원하는 것이다. 대승 불교에서는 자기만의 이익은 아무리 존귀한 것이라도, 또한 그것이 아무리 진리라 해도 무가치하다는 것을 명확히 단언한다. 일체 중생의, 사회 전체의 이익이 아니면 궁극의 진리는 아니라고 강하게 주장하는 것이다. 이 '일체 중생과 함께'라는 정신은 다음의 둘째 소원, 셋째 소원에도 그대로 통한다.

둘째로 법이란 석존이 설한 가르침만이 아니라 바다같이 넓은 지혜의 세계를 말한다. 따라서 여기서 말하는 경장이란 『화엄경』의 정신에서 본다면 불교의 경장뿐 아니라 광대 무변한 지혜 자체를 가리키고 있을 터이다. 선재 동자가 찾아가 도를 물은 선지식은 결코 불교인만이 아니다. 불교가 외도(外道)라 하여 배척한 바라문(婆羅門)[8]의 승려도 포함되어 있으며, 그 중에는 매춘부까지도 있다.

문제는 종파나 계급이 아니라 구도의 상대자가 도를 얻고 있는지의 여부에 달려 있는 것이다. 이 점에서 말하자면 여기에서 말하는 경장이란 불교 밖에도 힌두교나 유교나 노장(老莊)이나, 기독교나 서양 철학이나, 또는 과학 일반이거나 때로는 무종교까지라도, 거기에 도가 있고 진실이 깃들어 있는 한 그런 것들 모두를 가리키는 것이라고 생각할 수 있다. 그러니 우리네 보살은 주의·주장의 여하를 불문하고 자유로이 진리의 곳집에 들어가 대해 같은 지혜를 얻자, 그리고 그 지혜의 바다를 모든 사람들에게 미치도록 하자, 이것이 둘째 소원이다.

셋째로 승이란 단순히 불교 승려 집단만을 가리키는 것이 아니다. 승은 원래 삼가(saṃgha)여서 집단이라는 뜻이다. 여기서 말하는 승이란 대중이며 일체 중생의 모임이다. 중생이란 인간만이 아니라 생명을 지닌 모든 것을 가리키거니와, 최소한 인간만이라도 융화하여 서로 장애가 되지 않게 하자는 것이 이 소원이다. 우리 중에는 유물론을 받드는 사람도 있고 관념론자도 있다. 금욕주의자가 있는가 하면 쾌락주의자도 있다. 기독교도도 있고, 불교도도 있다. 이슬람교도·힌두교도 또는 과학주의자도 있고, 무종교를 내세우는 사람도 있다. 또 부자가 있는가 하면 가난뱅이도 있으며, 지식인이 있는 반면에 무식한 사람도 있다. 이렇게 인간은 주의·주장·계급·교양·신분 등이 가지각색이지만, 어쨌든 우리가 인간인 한 서로 화목하여 반목하지 않고 방해가 되지 않게 살고 싶다는 것이 보살의 셋째 소원이다.

---

8) 인도 사성(四姓) 중의 최고인 승려 계급. 그러나 여기서는 그들의 종교인 '바라문교'의 준말. '브라만'이라는 유일신을 믿는 인도 고대의 종교.

이상이 『화엄경』이 말한 우리네 보살의 불·법·승 삼보(三寶)에 대한 귀의이다. 앞의 설명으로도 알 수 있듯이, 원시 경전에 보이는 삼귀의로부터 그 근본 정신을 이어받으면서도 그 뜻이 크게 확대되고 있음을 깨닫게 된다.

첫째 것은 일체 중생과 함께 부처님에게 귀의하면서 최고의 깨달음에 도달하고자 원하는 일이며, 둘째 것은 일체 중생과 함께 진리에 귀의하면서 바다 같은 인류의 지혜를 얻고자 원하는 일이며, 셋째 것은 일체 중생과 함께 집단에 귀의하면서 적어도 인간인 한 어떤 조건 밑에서건 화목하게 지내자고 원하는 일이다. 즉 모든 사람이 궁극적인 깨달음에 도달하고, 모든 사람이 바다 같은 지혜를 얻으며, 모든 사람이 평화 공존의 일원이 되는 것, 이것이 우리네 보살의 이상이며 또 실천의 목표가 된다. 다만 이상에 그치지 않고 이상이 실현되도록 실행에 옮긴다는 것이다.

그러나 현대 세계의 실정은 이런 보살의 목표로부터 너무 멀리 떨어져 있는 것이 사실이다. 인류는 이제까지 숱한 전쟁을 경험하며 2차 대전에까지 이르렀거니와, 만약 3차 대전이 일어난다면 인류는 남김없이 파멸할지도 모르는 위기에 놓여 있다. 그리고 우리는 그 위험한 실정을 잘 알고 있어서 어떻게든 전쟁은 피해야 한다는 각오가 뼈 속에 스며 있다. 그럼에도 불구하고 국부적으로는 지금도 여전히 피가 흐르고 있으며, 인류 전체의 화해에는 도달하지 못했다. 생각이 이런 현상(現狀)에 미칠 때, 『화엄경』의 보살의 기원은 한낱 공염불이 아닌가, 그림 속의 떡

이 아닌가 하는 생각도 든다.

그러나 이런 견해는 보살의 정신에서 본다면 속단이요 천견(淺見)임에 틀림없을 것이다. 우리는 기껏해야 2천 년밖에 안 되는 인류 역사에 넋을 잃어서는 안 될 터이다. 무한에 걸친 인연의 흐름에 주목하는 한편, 이 인연을 일관하고 있는, 또는 이 인연이 넘치고 있는 크나큰 광명을 몸에 받고 앞으로는 보살의 기원을 바라보면서 현재의 의무 수행에 힘쓰지 않으면 안 된다. 우리는 현상에 실망해서는 안 된다. 절망해서는 안 된다. 실망이나 절망이야말로 보살의 가장 큰 적이다. 그것은 곧 보살로서의 실격을 뜻한다. 왜냐하면 보살의 본성이라 할 보리심을 상실하고 있는 까닭이다. 게으르지 않고 싫증 내지 않으면서 진리 추구를 그치지 않는 보살의 끈기, 우리는 먼저 이 끈기를 지녀야 하지 않을까?

불교에서의 삼귀의에 관해서 일본 불교의 선각자 쇼토쿠(聖德) 태자의 말을 상기해 보고자 한다. 태자 당시 일본에는 아직 종파라는 것이 없었다. 따라서 태자는 1종 1파에 얽매임이 없이 널리 불교 속에서 진리를 발견하여, 그것을 대중과 함께 실천에 옮기고자 애쓴 분이다.

그런 결과가 일본에서 뛰어난 종파 형성자였던 사이초(最澄)[9] · 신란(親鸞) · 도겐(道元) · 니치렌(日蓮)[10] 등을 태자의 열렬한 숭배자로 만들었던 것이리라.

---

9) 당(唐)에 유학하고 돌아와 일본 천태종의 시조가 되었다. 시호는 덴교 대사(傳敎大師).

태자는 깊이 삼보에 귀의하였다. 17조 헌법의 제2조에 "두터이 삼보를 공경하라."고 명문화되어 있는 것이 그 증거이다. 삼보란 곧 불·법·승이며 이를 공경한다는 것은 삼귀의를 말한다. 태자는 삼귀의에 관한 여러 해석 중에서 특히 일체(一體)의 삼보라는 것을 강조했다. 일체의 삼보란 불도 법도 승도 영원한 일체라는 뜻이다. 이 영원한 일체야말로 우리가 추구하는 열반의 세계이며 귀의의 궁극처라고 해석했다. 그리고 태자에게는 특히 이 영원한 일체가 불보(佛寶)에 의해 통합되어 있었다. 태자는 순결한 마음으로 깊이 부처님에게 귀의하고 있었던 것이다.

태자는 전문적인 불교 학자가 아니었으며, 또 직업적인 불교인도 아니었다. 태자는 황태자의 지위에 있었다. 그 지위에 따르는 의무를 다하는 것이 인간으로서 해야 할 일을 하는 것이 된다. 황태자는 신하로서는 최고의 자리이지만 태자는 그 지위를 통해 인간의 온갖 세계를, 온갖 움직임을, 그리고 절박한 인간 공통의 고민과 미혹을 맛보고, 따라서 드디어는 모든 사람은 함께 궁극의 일불승(一佛乘)[11]의 세계로 돌아가지 않으면 안 된다는 것을 통감하였던 것 같다.

태자는 자기 혼자만이 깨달을 수 있는 길을 모색하지는 않았다. 반드시 대중과 함께 살아갈 수 있는 길을 찾았다. 그것은 어

---

10) 천태종에서 신기축을 발명하여 일련종을 창시했다.
11) 중생의 근기에 따라 교법이 다르다는 주장에 대해, 불교에는 부처가 되는 길을 가르치는 오직 한 길이 있을 뿐이라는 주장.

떤 것이었을까?

이에 대해 주목해야 될 것은 태자의 선(善)에 대한 견해이다. 태자가 확신한 바에 의하면 진정한 선이란 어떤 사람이라도 행할 수 있는 것이어야 한다. 그러기에 태자는 선을 특히 해(解)와 구별하였다. 해라고 함은 이해를 말한다. 불교의 교리에서 본다면 대승을 이해하는 것이 선결 문제이므로 이해가 근본이며, 그 이해 위에 서서 선을 행하는 것이기에 선은 지엽이 되겠다. 그러나 대중 쪽에서 말하자면 이해는 대중에게 반드시 보편적인 것은 아니다. 능력이 뛰어난 사람이 있는가 하면 모자라는 사람도 있다. 그러나 선은 행하고자 하는 의사만 있으면 누구나 행할 수 있을 터이다. 따라서 이쪽이 오히려 보편적이라 할 수 있다. 그래서 태자는 대중의 처지에 서서 선과 해의 관계를 역전시킴으로써 선을 근본, 해를 지엽이라 한 것이다.

그런데 선이란 무엇일까? 선은 언젠가는 미혹을 넘어 궁극의 깨달음에 도달하게 되려니와, 그러나 실제로는 선은 미혹의 세계에서도 행해지고 있다. 그러면 미혹을 초월하는 선이란 무엇일까? 더욱이 대중으로서도 실행할 수 있는 선이란 무엇일까? 여기에서

"행선(行善)의 뜻은 본래 귀의에 있다."

라는 태자의 유명한 말이 머리에 떠오른다. 선을 실천하는 근본적 의의는 귀의에 있다는 것이다. 즉 부처님에게 귀의하는 것이

모든 대중이 행할 수 있는 최고의 선이어서 미혹을 초탈케 한다는 견해이다. 태자는 극히 높은 이상을 내세우면서도 오히려 그 이상을 대중과 더불어 살 수 있는 가장 단순한 형태의 길로서 발견하여 스스로 실천에 옮겼던 것이라고 생각된다. 태자는 삼귀의를 이렇게 해석함으로써 대중 속에서 살아갈 수 있는 길을 일본 불교에서 최초로 발견한 분이라 할 수 있겠다.

인생 행로의 첫걸음

이미 말했듯이 보살의 이상은 삼귀의에 대한 기원 속에 잘 나타나 있다. 첫째로는 중생과 함께 부처님에게 귀의하여 궁극의 깨달음에 도달하고자 원하며, 둘째로는 중생과 함께 진리에 귀의하여 바다같이 광대한 지혜를 얻고자 원하며, 셋째로는 중생과 함께 집단에 귀의하여 서로 화목하게 지내고자 원하는 것이다. 이는 『화엄경』이나 불교의 이상이라기보다는 인류 전체의 이상이며 소망이라고 말할 수 있겠다.

그런데 이런 이상을 실현하기 위해서 우리는 무엇으로부터 출발해야 할까?

먼저 다음의 글을 읽어 보기로 하자.

"모든 세계의 중생 중에서 성문(聲聞)의 길을 구하려는 이는 드물고, 연각(緣覺)을 구하고자 하는 이는 더 드물고, 대승을 구하려는 이는 한층 드물다.

그러나 대승을 구하기는 그래도 쉽다 하겠거니와, 대승의 가르침을 믿는다는 것은 매우 어렵다. 하물며 이 가르침을 능히 수지(受持)[12]하며 바르게 생각하고 가르침대로 행하고 진실로 이해하기는 더욱 어렵다.

가령 삼천 대천 세계(三千大千世界)[13]를 머리에 인 채 1겁(劫)[14] 동안이나 움쭉도 않고 서 있는 것은 그렇게 어렵지 않다. 그러나 대승의 가르침을 믿기는 매우 어려운 일이다.

비록 일체 세계의 중생들에게 1겁 동안 공양한다 해도 그 공덕은 그렇게까지 뛰어난 것이라고는 할 수 없다. 그러나 대승의 가르침을 믿는 공덕은 특히 뛰어나다는 것을 알아야 한다.

가령 손바닥 위에 열 개의 불국(佛國)을 올려 놓은 채 1겁 동안이나 허공에 머물러 있기는 그리 어려운 일이 못 된다. 그러나 대승의 가르침을 믿기는 매우 어려운 일이다.

비록 열 개의 불국에 사는 중생들을 1겁 동안이나 공양한다 해도 그 공덕은 그리 뛰어난 것이라고는 하지 못한다. 그러나 대승의 가르침을 믿는 공덕은 특히 뛰어난 것임을 알아야 한다."

(賢首菩薩品)

---

12) 경이나 가르침을 받들어 지니는 것.
13) 모든 세계라는 뜻. 소천 세계(사주 세계의 천 배) 천이 모인 것이 중천 세계, 중천 세계 천이 모인 것이 삼천 대천 세계이다.
14) 무한에 가까운 시간의 단위. 둘레가 40리 되는 바위를 3년 만에 한 번씩 선녀가 스쳐 감으로써 그 바위가 다 닳아 없어지는 기간이 1겁이다.

성문·연각은 예로부터 소승의 무리라고 일컬어져 왔다. 성문이란 부처님의 가르침을 듣고 하나라도 다칠세라 세심히 조심하여 이를 지켜 그것에 의해 깨달음에 도달하려는 사람이요, 연각이란 스승에 의지함이 없이 십이 인연(十二因緣)[15]을 관찰함으로써 혼자의 힘으로 깨달음에 이르려는 사람을 말한다. 그 어느 것이나 자기만의 깨달음을 지향할 뿐 다른 사람들을 돌보지 않는 까닭에 진실한 깨달음이라고는 할 수 없다. 그러기에 소승의 무리라 하여 경멸의 대상이 되고 있는 것이다.

이에 대해 대승은 자기가 자리(自利)를 추구할 뿐 아니라 다른 모든 사람들도 진리를 깨닫게 하기 위해 애쓴다. 때로는 자기 깨달음을 제쳐둔 채로 오직 다른 사람들을 위해 힘을 쏟기도 한다. 이것이 대승이며 특히 보살의 길이라고 부른다. 보살은 무엇보다 다른 사람들을 위해 봉사하는 것을 의무로 삼고 있는 것이다.

여기에서 성문승(聲聞乘)·연각승·보살승이 문제로 제기된다. 승이라 함은 탄다는 뜻이어서, 우리는 수레나 배를 타고 목적지에 이를 수 있기 때문에 이 말은 길(道)이라는 뜻도 된다. 따라서 성문도·연각도·보살도라 해도 같은 사실을 가리킨다. 이 세 가지를 삼승이라 한다. 삼승이란 세 가지 승용차 또는 세 가지 길이라는 말이다. 이렇게 생각하면 삼승은 서로 성격을 달리하며 또 대립하고 있는 것이 되니까, 진실한 대승이란 그런 대립을 넘어선 곳에 있다는, 또 삼승을 통합·융화시킨 곳에 있다

---

15) 미혹의 인과를 열 둘로 나눈 것. 무명·행·식·명색·육처·촉·수·애·취·유·생·노사.

는 입장이 생기게 된다. 이 입장이 불승(佛乘)이라고 부르는 것이어서, 보살승보다도 더 높은 견지요, 모든 것을 통합 · 융화하여 일체의 대립을 떠난 궁극의 세계라고 할 수 있다. 이 점에서 말한다면 진실한 대승이란 불승을 가리키는 것이 된다고 하겠다.

그러나 『화엄경』의 경우는 이와는 약간 취지를 달리하는 점이 있다. 성문 · 연각 · 보살의 대립을 떠나 융화 · 통합되어 있는 점은 마찬가지지만, 보살과 부처는 앞의 설명에 나온 바와 같이 서로 다른 입장에 서 있는 것은 아니다. 이제껏 특히 강조하면서 밝혀 왔거니와, 보살과 부처는 실로 표리 일체의 관계에 놓여 있는 것이다. 끝없는 전일(全一)한 우주 자체에서 말한다면 그것은 비로자나불의 세계이려니와, 그 비로자나불의 세계 속에서 부처님의 뜻을 구명하고 또 실현하는 관점에서 말한다면 그것은 보살의 세계라 아니할 수 없다. 비로자나불이란 뒤에서 본 전체이며 보살이란 겉으로부터 본 전체여서 그 전체 자체는 표리 일체를 이루고 있다.

이런 사태 속에서 우리 보살이 비로자나불의 세계 안에 있으면서 그 의미에 눈뜨지 못하고 있다는 점에서 본다면, 우리는 비로자나불의 진리를 지향하고 그 의미를 구명하여서 마침내는 그 세계에 눈뜨도록 노력해야만 한다. 그러나 관점을 거꾸로 하여, 우리가 이미 비로자나불의 세계 안에서 충분히 존재 · 활동하고 있다는 견지에서 말한다면, 부처님의 세계를 실현하고 장엄하는 일이야말로 우리네 보살의 임무가 아닐 수 없다. 더욱이 이 두

가지 견해 역시 실제로는 혼연히 일체를 이루고 있다. 결국 비로
자나불을 위로 지향해 가는 방향이나, 비로자나불을 아래로 실
현해 가는 방향이나, 어느 것이든 비로자나불에 의해 뒷받침됨
으로써 융화·통합되어 있는 것이다.

그리고 또 스스로 진리를 추구하는 자리행(自利行)과 다른 사
람을 위해 애쓰는 이타행(利他行) 또한 혼연히 융화되어 있다.
즉 스스로 진리를 추구하는 것은 자기를 위한 것이려니와 그것
이 그대로 이타행도 되는 것이며, 또 다른 사람을 위해 진력하는
것은 물론 남을 위한 행위이겠으나 동시에 그 일에 의해 자기 인
격이 향상될 터이므로 자리행도 되는 것이다.

이상의 논술을 요약해 본다면 다음과 같이 될 것이다.

첫째, 부처님과 보살은 표리 일체이다. 이것이 대전제이다.

둘째, 이 대전제 밑의 보살 중에서 부처님의 깨달음에 눈떠 가
는 방향과 부처님의 나라를 실현해 가는 방향이 있는바, 이것이
표리 일체를 이룬다.

셋째, 깨달음에 눈떠 가는 방향에도 자리행과 이타행이 있으
며, 부처님의 나라를 실현해 가는 데도 자리행과 이타행이 있다.
그리고 이 자리행과 이타행 역시 표리 일체의 관계에 있다.

『화엄경』에 나타난 대승의 가르침이란 대체로 이런 세계이다.
그것은 전일적(全一的)이요 표리 일체인 세계이며, 그 안에서
우리 보살의 인생 행로가 규정되는 것이다.

그러면 보살의 인생 행로에서 첫걸음이 되는 것은 무엇일까?
그것은 말할 것도 없이 앞에 인용한 글 속에도 나타나듯이 대승

의 가르침을 믿는 일이다.

믿는다는 것은 매우 어렵다. 그러나 믿음으로부터 인생 행로에서 보살의 첫걸음을 내디뎌야 하는 것이다.

다시 말하거니와 믿는다는 것은 매우 어려운 일이다. 그러나 믿는 것은 무엇과도 비교할 수 없을 정도의 공덕을 갖추고 있다.

믿는다는 것은 이와 같이 보살의 인생 행로에서 첫걸음인 동시에 그 행로의 마지막까지 이것으로 일관된다.

우리는 이 믿는다는 일에 관해 여러 가지 의문을 지니고 있다.

첫째, 믿는다는 것은 대체 어떤 뜻일까?

둘째, 믿는다는 것이 인생 행로의 첫걸음이라 함은 무엇을 나타낼까?

셋째, 믿는 것이 동시에 인생 행로의 마지막까지 일관된다고 함은 어떤 사태를 가리킬까?

이런 문제에 대해 차례차례 그 뜻하는 바를 풀어 보자.

첫째, 믿는다는 것이 어려울 뿐만 아니라, 그에 앞서 '믿음'의 뜻 자체가 마찬가지로 어렵다. 다른 종교에서도 믿는다는 일은 강조되고 있다. 기독교에서는 belief, faith, glaube 따위가 말해진다. 힌두교에서는 bhakti가 강조된다. 불교의 믿음도 이런 종교의 믿음과 유사한 점이 있다. 그러나 또 한쪽에서는 불교 특유의 믿음이 고개를 든다.

우선 중요한 것은 믿음이라는 관념은 아무리 분석해 보아도 그 뜻이 명확하게 떠오르지 않는다는 사실이다. 그와는 달리 믿음이란 사실은 중요한 인생 경험이며, 이 경험에는 믿음의 여러 가지 표정이 포함되어 있다. 이 여러 가지 표정을 믿음이라는 한 마디 말로 집약한 것이니까, 우리는 믿음의 관념을 함부로 분석할 것이 아니라 인생 경험으로 환원시킴으로써 이것을 맛보아야 할 것이다.

원시 경전에는 믿음을 나타내는 여러 가지 말이 나온다. 이를테면 삿다(sāddha) · 파사다(pasāda) · 아디무티(adhimutti) 등이다. 대승 불교의 산스크리트로 말한다면 슈랏다(śraddhā) · 프라사다(prasāda) · 아디묵티(adhimukti)가 된다. 첫째의 삿다(슈랏다)는 신뢰라는 뜻을 지니고 있다.

> "늙었을 때에 계율은 좋고, 믿음은 좋은 안식처요, 지혜는 사람의 보배요, 공덕은 도둑에게도 빼앗기지 않는다."
>
> (『相應部經典』 1 : 6 : 51)

> "신앙과 청정한 마음으로 먹을 것을 보시하는 사람은 이 세상에서나 저 세상에서나 먹을 것을 얻을 것이다."
>
> (同上 2 : 3 : 23)

> "나는 신앙에 의해 재가자(在家者)에서 출가자가 되었다. 정념(正念)[16]과 지혜는 나의 안에서 눈떠 있으며 마음은 매우 고요하다."
>
> (同上 4 : 3 : 22~10)

---

16) 잡념을 버리고 바른 수행만을 생각하는 것. 팔정도의 하나.

여기에 보이는 삿다(信)는 일반적인 의미로 사용되는 종교적인 신앙이어서, 종교적인 세계에 대해 신뢰하는 마음이 확립되어 있는 상태를 가리킨다.

둘째의 파사다(프라사다)도 신뢰의 뜻으로 쓰인다.

"이 세상에 사람의 몸으로 태어나 친절하고 탐식을 떠나 부처님을 믿고 법과 승에 깊이 귀의한다." (同上 1 : 5 : 49~3 : 4)

이 글에서는 믿음의 뜻으로 파사다가 쓰이고 있거니와, 이 또한 부처님을 신뢰한다는 뜻일 것이다. 인간 관계에서도 신뢰는 갑자기 생기는 것이 아니라, 교제를 계속하다가 상대가 믿음직스러울 경우 저절로 이 감정이 생기게 된다. 부처님은 깨달은 사람이요 뛰어난 인물이니까, 이를 접촉한 사람들이 신뢰의 정을 지니게 되었을 것은 상상하기에 어렵지 않다.

그런데 파사다(프라사다)는 본래 순결 · 즐거움 · 만족 등의 뜻을 지니고 있어서, 원시 경전 속에서도 그런 뜻으로 쓰이고 있다. 즉 부처님을 믿고 그 가르침을 믿는다면 마음은 저절로 순결해지고 기쁨이 넘치게 되고 만족할 것임에 틀림없는 일이라 하겠다.

옛날부터 믿음이란 곧 청정의 뜻이라고 한 것은 이런 까닭이다. 우리의 예사 마음은 흐리고 때가 묻어 있기 십상이나, 신심(信心)은 마치 샘물이 속속들이 맑은 것처럼 청정하고 순수하다.

대승 경전인 『대무량수경(大無量壽經)』에서는 산스크리트의 프라사다(信)를 다음과 같이 쓰고 있다.

"일체 중생이 무량광(무한한 광명의 부처님)의 이름을 듣고 일념(一念)을 움직여 신심 환희(信心歡喜)를 수반한 바람으로 보리심을 일으킨다면, 모두 궁극의 깨달음으로부터 다시는 전락하지 않는 경지에 안주(安住)하게 된다."

이 글은 무량수경 중의 이른바 원성취문의 반 구절이다. 프라사다는 한역에서도 '신심 환희'라 하고 있다. 그 신심이란 물론 신뢰의 뜻이지만, 단순히 신뢰라는 태도에 그치지 않는다. 신뢰의 결과는 궁극의 깨달음으로부터 다시는 전락하지 않는 경지와 연결되며, 따라서 궁극의 깨달음 자체와도 연관되어 있다. 그러므로 프라사다는 신뢰를 뜻하는 동시에 그 결과로서의 즐거움이나 만족감까지도 포함하고 있다. 신심이 즐거움이나 만족감을 가지고 있다면 그것이 청정할 것임은 당연하다고 하겠다. 셋째의 아디무티(아디묵티)는 신해(信解)라고 번역되는 그것이다. 이 말에는 믿고 이해한다는 뜻이 깃들어 있다. 단순한 맹신이 아니라 오히려 그 반대의 지적 신앙 또는 지혜의 신심이라고 하는 편이 좋으리라. 퍽 오래 된 경전인 『수타니파타』 중에 파사다와 아디무티가 나란히 보이는 대목이 나온다. 그 대목을 인용해 보겠다. 이것은 핑갸라는 사람이 석존에게 아뢴 말이다.

"나는 성자의 말씀을 듣잡고 더욱 믿게(pasāda) 되었습니다.

깨달은 사람은 마음의 덮개가 걷혀서 마음은 성숙하고, 그 위에 예지를 가지고 계십니다. ……어디에도 비유할 것이 없으며, 무엇에건 지는 일이 없으며, 흔들리는 일도 없는 경지에 저는 꼭 가게 될 것입니다. 이에 대해 저에게는 조그마한 의문도 없습니다. 이와 같이 제 마음이 믿고 이해하고(adhimutti) 있음을 알아 주시옵소서." (『수타니파타』 1.147 : 1.149)

여기에는 파사다와 아디무티의 뉘앙스가 잘 나타나 있다. 핑갸는 석존을 가까이하는 사이에, 석존의 마음은 열리고 성숙하였으며 예지의 빛을 지니고 있다는 것을 알게 되어 석존을 신뢰하게 되었고 자기의 마음도 청정해졌다. 이것이 파사다일 터이다. 그리고 핑갸는 자기도 또한 석존같이 절대 부동의 경지에 반드시 이를 것이라고 생각한다. 그렇게 믿고 이해하는 것이 아디무티이다.

아무티는 이와 같이 지적인 신앙을 가리키는 말이다. 대승 불교에서는 불성(여래장)을 설명하여, 불성이란 신해(아디무티)와 선정과 지혜와 자비가 혼연히 일체를 이루는 것이라고 생각하고 있다. 여기서도 아디무티는 지혜에 연결되어 있다. 즉 마음속에서 문이 열리어 스스로 이해된다는 뜻으로 지혜의 신심을 가리킨다.

이상은 믿음에 대해 삿다(슈랏다)·파사다(프라사다)·아디무티(아디묵티)가 지니는 뉘앙스를 살펴본 것이거니와, 이 밖에 예로부터 다음과 같은 해석도 행해지고 있다. 그것은 모든 경전의

첫머리에

　　"이같이 나는 듣자왔다(如是我聞)."

라는 말이 나오고 나서 경전의 내용이 설해지는 것이 통례인데, 여기서 '이같이(如是)'가 바로 믿음을 가리킨다는 것이다. '이같이'는 응낙하는 마음이며 받아들이는 마음이어서, 그것이 곧 믿음이라는 주장이다.

　　대승 불교의 선각자 나가르주나(龍樹, Nāgārjuna)[17]의 유명한 말에

　　"불법(佛法)의 대해는 믿음으로써 들어가고 지혜로써 건넌다."

라는 것이 있다. 믿음에 의해 불법의 크나큰 바다에 들어가고, 지혜에 의해 그 크나큰 바다를 건널 수 있다고 본 것이다.

　　응낙하는 마음·받아들이는 마음, 곧 믿음이야말로 불법의 첫걸음이라고 말할 수 있다. 나가르주나는 다시 믿음을 손에 비유하기도 했다. 이 비유는 다음에 이야기할 『화엄경』 속에도 나오는데, 나가르주나에 의하면 우리가 모처럼 보배가 가득한 산에

_____

17) 대승 불교 철학을 집대성한 인도 사람. 그 후의 대승 불교의 각 파는 거의가 그의 이론에 입각하고 있으므로, 그를 8종(宗)의 조사(祖師)라 한다. 『대지도론』『십주 비바사론』『중론』『십이문론』 등의 저서가 있다.

들어간다고 해도 손이 없으면 보배를 캐어 가질 수가 없는 것과 같이, 불법의 산에 들어간다고 해도 믿음이라는 손이 없고 보면 그 진리를 받아들이지 못한다는 것이다. 여기서도 믿음은 응낙하는 마음·받아들이는 마음으로 다루어지고 있거니와, 믿음이야말로 불법의 첫걸음이라고 다시금 단언할 수 있는 것이다.

이렇게 볼 때 믿음을 나타내고 있는 산스크리트에는 여러 가지 뉘앙스가 있어서 그때그때에 따라 다른 말을 쓸 수 있겠으나, 그 밑바닥에는 믿음이라는 공통의 뜻이 흐르고 있음을 알게 된다. 따라서 실제로는 믿음이란 처음부터 신뢰·청정·희열·만족·이해 따위 갖가지 뜻을 혼연히 갖추고 있다고 말하는 것이 사실에 부합될 터이다.

실존주의 철학자 칼 야스퍼스의 『철학적 신앙』이라는 저서가 있다. 그는 신앙이란 자기 자신을 천명하는 일이며, 자기 확신에 의해 자기를 끊임없이 더욱 밝게, 더욱 의식적이게 하는 일이라고 말했다. 이 점에서 말한다면 불교의 응낙하는 마음과 유사한 데가 있다고 하겠다.

또 초기 기독교의 호교가(護敎家)에 테루토리아누스라는 사람이 있어서,

"불합리하기 때문에 나는 믿는다(credo quia absurdum est)."

라는 말이 전해 온다. 합리적인 것은 믿을 필요가 없다. 불합리하여 이해할 수 없기 때문에 믿는다. 신은 우리로서는 전혀 이

해할 수 없는 까닭에 믿는다는 뜻이리라. 이것이 기독교 신앙 전체의 성격을 대표한다고는 볼 수 없겠지만, 이런 뜻에서의 신앙과 불교의 믿음은 명확히 구분된다.

이렇게 믿음은 응낙하고 받아들이는 마음이며 불법의 첫걸음이기도 하다. 그리고 믿는 마음은 차차 맑아져서 청정해지고 기뻐하며 만족하게 되어 드디어 마음의 문이 안으로부터 열리는 지혜와 연결되는 것이다. 보배가 가득한 산에 들어가 마음껏 보배를 손에 넣는 것과 같이 믿음의 공덕은 무엇과도 비교할 수 없을 만큼 크다. 이런 믿음을 『화엄경』은 어떻게 나타낼까?

믿음으로 꿰뚫는 것

지금까지 불교에서의 믿음의 특징에 대하여 이것저것 알아보았다. "불법의 대해(大海)에는 믿음으로써 들어간다."고 하듯이 믿음이야말로 불법 입문의 첫걸음이다. 그리고 믿음은 단순히 시작일 뿐만 아니라, 이것에 의해 자유 자재로 진리의 대해에 들어갈 수가 있게 된다.

『화엄경』이 다룬 신심(信心) 또한 이제껏 밝혀 온 믿음의 갖가지 의미를 내포하고 있다.

"깨끗한 믿음은 번뇌를 떠났기에 견고하며, 교만을 제거하여 공경의 근본이 된다.

믿음은 첫째 가는 보배의 곳집이며 청정한 손이 되어서 여러 가지 행(行)을 받아들인다.

믿음은 능히 여러 가지 집착을 떠날 수 있고, 미묘·심심(甚深)한 진리를 깨달을 수 있으며, 모든 선을 이룰 수 있어서 드디어는 반드시 부처님의 나라에 이르게 할 것이다.

신심이 견고하여 움직이는 일이 없으면 마음과 몸이 함께 밝아지고 모두가 청정해지리라.

만약 진실한 불법을 믿는다면 언제나 그것을 듣고자 원하여 싫증 내는 일이 없으리라. 만약 싫증 내는 일이 없으면 마침내 불가사의한 불법을 깨닫게 되리라."

(賢首菩薩品)

여기서 『화엄경』이 강조하는 것은 믿음이 불법의 첫걸음이라는 점만은 아니다. 진리의 크나큰 바다에 배를 띄운 믿음은 진리의 궁극적인 세계에 이르기까지 인도자가 된다는 것이다. 오히려 믿음 자체가 진리를 개발해 가는 것이다. 이런 사정을 간단히 나타내고 있는 것은 다음의 글이리라.

"믿음은 불도의 근본이요 공덕의 어머니이다. 모든 선을 증진(增進)시키고 모든 의혹을 없애고 애욕의 집착에서 벗어나게 하여 마침내 열반의 세계의 문을 열어 젖힌다."

(賢首菩薩品)

믿음은 불도의 근본이며 복덕의 모태이다. 그리고 드디어는 궁극의 깨달음의 세계를 열어 준다. 그러나 실제로는 믿음을 계속한다는 것은 결코 쉬운 노릇이 아니다. 근대 인도의 가장 깊이 있는 철인인 오로빈드는 "신앙은 항상 비틀댄다."고 경고한 바 있다. 꽤 많은 수련을 쌓은 사람이라도 그렇다. 우리는 처음부터 이 길이 험난함을 충분히 각오하고 오랜 행로를 견뎌야 한다는 것을 강조하고 있다.

그러나 믿음은 단순히 지속되는 것만으로 그쳐서는 안 된다. 믿음 자체가 스스로 껍질을 깨고 진리의 꽃을 피워야 한다. 단순히 지속되기만 하는 믿음은 아직 완전히 자기 것이 되지 않은 증좌이다. 믿음 자체가 스스로 생명을 꽃피움으로써 믿음은 비로소 진정한 믿음이 되는 것이다. 그렇게 된다면 믿는 것이 어려우냐 쉬우냐 하는 것 따위는 이미 문제가 되지도 않을 터이다. 믿음은 오직 스스로 크나큰 길을 걸어감으로써 스스로 세계를 열어 젖힌다.

그러면 첫걸음을 내디딘 믿음은 어떤 과정을 거쳐서 화엄의 궁극의 세계로 돌입하게 될까? 이것을 현수보살품의 논지에 비추어서 밝혀 보고자 한다.

우선 신심이 견고하여 동요하지 않는다면 우리의 몸과 마음은 밝고 청정해질 것이다. 몸과 마음이 청정해지면 모든 악우에게서 떠나 오직 착한 벗만 사귀게 된다. 착한 벗과 사귀면 여러 가지 가르침을 받을 수 있는 까닭에 많은 공덕을 얻을 수 있을 것이다. 그 공덕 속에는 여러 진실한 도리가 포함되어 있는바, 그 도리를 이해하게 됨으로써 궁극의 진리를 구하고자 하는 마음(無上菩提心)이 생길 것이다. 이렇게 궁극의 진리를 구하고자 하는 마음이 생기면 우리의 마음은 모든 집착을 떠나 부처님의 '집'에 태어날 수가 있다. 부처님의 집에 태어나면 깊은 청정한 마음이 얻어져서 온갖 보살행을 실천하여 스스로 대승의 진리가 몸에 갖추어지게 될 것이다. 그렇게 되면 모든 부처님들을 공양하고 항상 염불 삼매 속에 살 수가 있다

염불 삼매가 확립되면 항상 시방(十方)의 부처님들을 뵐 수가 있고, 부처님은 항상 안주(安住)하심을 알게 된다. 부처님이 안주하심을 알게 되면 우리는 이윽고 웅변의 능력을 얻어 무량한 불법을 설할 수 있게 된다.

그렇게 되면 모든 중생은 해탈하게 될 가능성이 생기며 대비심(大悲心)이 이 세계에 확립되기에 이른다. 대비심이 확립되면 우리는 항상 불법에 환희를 느끼고 만심이나 게으름으로부터 떠날 수가 있다. 만심이나 게으름을 떠나면 고뇌의 생사 속에 있으면서도 조금도 근심하지 않고 부단히 노력 정진할 수가 있다. 노력 정진하면 인간의 온갖 능력이 얻어지고 중생의 생활을 넓고 깊게 알 수가 있게 된다.

중생의 생활을 알면 중생에 대해 진리를 설하고, 재물을 보시하고, 친애의 말을 걸고, 선행에 의해 인도하고, 이와 활동을 같이하면서 헤아릴 수 없는 이익을 줄 수 있다. 그렇게 되면 스스로는 궁극의 대도에 안주하여 악마에 의해 교란을 받지 않게 된다. 악마에 의해 교란을 받지 않으면 절대 부동의 경지에 이르러, 불생 불멸(不生不滅)의 진리를 체득하게 된다. 그 진리가 체득되면 이윽고 성불될 것이 약속되어 항상 부처님들의 보호를 받게 된다. 그렇게 되면 부처님의 무량한 공덕이 몸에 넘쳐서 그 얼굴은 광명으로 빛나게 된다.

이상은 현수보살품이 우리네 보살의 인생 행로를 묘사한 줄거리이다. 신심에서 출발하여 신심으로 일관하는 것에 의해 보살로서의 인생이 차차 불법의 크나큰 바다를 떠 가다가 마침내 그 크나큰 바다에 동화되어 가는 모습이 간략하게 서술되어 있다. 이 행로 속에는 몇 개의 중요한 산이 눈을 끈다. 그 산은 보는 사람에 따라 받는 인상이 다르려니와 대체로 다음의 몇 가지 점을 지적할 수 있을 것 같다.

첫째는 말할 것도 없이 부동의 신심이다.

둘째는 신심에 의해 생겨나는 궁극의 진리를 구하고자 하는 마음, 곧 보리심이다.

셋째는 모든 집착을 떠나는 염불 삼매이다.

넷째는 염불 삼매에서 생기는 대비심(大悲心)이다.

다섯째는 그것으로부터 필연적으로 생기는 중생을 위한 이타행이다.

여섯째는 자리 · 이타를 성취함으로써 도달하는 절대 부동의 경지이다.

일곱째는 여러 부처님에 의해 보호받는 광명의 빛남이다.

이렇게 볼 때 보살의 인생 행로에서 신심 — 보리심 — 염불 삼매 — 대비심 — 이타심 — 절대 부동의 경지 — 광명의 빛남이라는 보살의 인격 형성의 발전 과정을 포착할 수 있다. 우리가 신심(믿음)이라는 나침반에 의지하여 불법이라는 대해로 배를 몬다면 이런 과정을 밟는 것은 가능한 일이며 충분히 예상되는 일이라 하겠다. 신심이 얼마나 중요한 것인지를 알게 된다.

그런데 신심에서 출발한 현수보살품의 묘사는 이에 그치는 것이 아니다. 다시 이어지는 것이 있다. 지금까지의 서술이라면 우리도 쉽게 이해할 수 있겠으므로 그것을 따라 보살행을 닦아 간다는 것은 충분히 가능할 터이다. 그러나 이제부터의 묘사는 우리의 이해 범주를 넘어선 것으로 끝없는 부처님의 세계에 차차 다가가는 모습을 나타내고 있다. 부처님의 세계에 가까워지는 데 따라 그 세계는 우리가 이해하기 어려운 것이 되어 간다. 그것은 어떤 모양으로 그려지고 있을까? 현수보살품을 따라 그 논지를 추적해 보자. 앞에서 본 묘사는 부처님의 공덕이 몸에 넘치고 얼굴에서 광명이 빛나는 것에서 끝나 있다.

광명이 빛나면 그 광명으로부터 무수한 연꽃이 나타나고, 그 연꽃잎 하나하나에는 헤아릴 수 없는 부처님들이 앉아 계셔서 중생을 가르쳐 해탈케 하고 있다(이렇게 다음의 묘사는 이어진다). 중생을 해탈시키면 무량한 자재력(自在力)[18]이 획득되어 어디라도 적절한 곳에 몸을 나타낼 수 있고, 또 일념(一念)[19] 중에 모든 중생의 마음을 알 수 있게 된다. 그렇게 되면 고뇌에 가득 찬 생사는 영구히 종식되고 모든 번뇌는 사라져서 법신(法身)의 지혜가 구비되어 제법(諸法)[20]의 실상(實相)[21]을 깨달을 수 있게 된다. 제법의 실상을 깨달으면 모든 자재력은 남김 없이 실현되어 더 없는 해탈의 경지에 도달하며 감로의 법수(法水)[22]로 관정(灌

---

18) 자유 자재한 힘. 무엇이나 마음대로 할 수 있는 능력.
19) 무엇을 생각하는 잠깐 사이. 아주 짧은 시간.
20) 여러 존재. '법'은 현상. 우주 안에 있는 모든 사물.
21) 진실한 모습. 겉으로 보이는 상식적인 것이 아니라, 지혜의 눈으로 파악한 참모습.

頂)[23]을 받게 된다. 관정을 받으면 법신은 허공에 충만하여 시방 세계에 안주하게 된다. 이와 같이 보살의 대행(大行)에 의해 정법(正法)은 언제나 안주하여 영구 불멸해진다. 그 힘은 크나큰 바다와 같이 광대하며 또 금강(金剛)[24]과 같이 견고하다.

여기서 신심에서 시작했던 보살행의 묘사는 일단 끝난다. 이 후절의 묘사는 점차 『화엄경』 고유의 특색을 띠고 있다. 이를테면

"광명으로부터 무수한 연꽃이 나타나고, 그 연꽃잎 하나하나에는 무량한 부처님이 계셔서 중생을 가르쳐 인도한다."

"일념 중에 남김 없이 중생의 마음을 안다."

"법신은 허공에 충만하여 시방 세계에 안주한다."

따위이다. 이것들은 후일 중국의 화엄종에서 강조하게 된 일즉일체(一卽一切) · 일체즉일(一切卽一)이라는, 이른바 중중 무진(重重無盡)의 법계 연기의 취지를 나타낸 것이라고도 할 수 있겠다.

중중 무진의 법계 연기란 이 세상의 어떤 것이라도 독립된 실체(實體)를 지니고 있는 것은 없으며, 일체의 존재가 서로 연결

---

22) '법'은 진리의 뜻. 진리를 물에 비유한 것.
23) 원래 물을 정수리에 붓는 인도의 즉위식의 풍속. 불교에서는 성불할 것이 확실한 보살에게 부처님이 물을 부어 그것을 보증하는 의식.
24) 금강석은 가장 견고하므로, 견고한 것을 비유하는 데 많이 쓰인다.

되고 의지하여서 무한히 유동해 간다. 따라서 한 사물 속에 삼라만상의 움직임이 보이며 또 나타나 있다는 것을 가리킨다. 이를테면 자기라는 하나의 인간 존재를 고찰해도 자아라고 하는 독립된 실체는 발견되지 않는다. 이것을 가로 펼쳐 놓고 보면, 한 사람은 가족·직장·도시·국가·국제 관계 따위의 여러 관계 속에서 살고 있음을 알게 된다. 또 이것을 세로로 거슬러 올라가 본다면, 한 사람은 부모에게서 태어나 환경 속에서 성장하여 오늘에 이르렀으며, 부모 또한 각기 그 부모로부터 태어났다. 이리하여 신체 관계에서 말하더라도 무한한 연결을 더듬어 올라갈 수 있다. 자기 한 사람의 신체나 정신 속에는 자기라는 개성은 있지만 실체는 없어서, 오히려 몇 십만·몇 백만인지도 모르는 수많은 부모가 여기에 반영되어 있다고 볼 수가 있다. 이렇게 가로 펼쳐 놓고 보거나 세로로 거슬러 올라가 보거나, 세계의 모든 존재는 서로 교류·침투하고 영향을 주고받고 있어서 끝나는 데가 없다. 이런 사실이 중국 화엄종에서 주장한 바 중중 무진의 연기라는 것이다.

우리는 우리의 지성으로 이런 연기를 긍정할 수 있다. 이와 유사한 주장은 독일의 철학자 라이프니츠의 견해에도 나타난다. 그의 주장 중에 유명한 모나드(monad)론이 있다. 모나드란 어떤 물질을 쪼개어 더 이상 쪼갤 수 없는, 말하자면 형이상적인 점(點) 같은 것을 가리킨다. 그것은 분할의 극한인 까닭에 이미 크기는 없으며, 따라서 비물질적이요, 오히려 의식적인 것이라 할 수 있다. 이런 모나드는 세계의 구석구석까지 퍼져서 없는 데가 없다. 어떤 모나드도 의식적인 점에서는 같지만, 다만 그 의식의 정도에 차이가 있다. 광물이나 식물처럼 의식의 정도가 아주 낮은 것으로부터 동물이나 인간처럼 그것이 높은 것까지 그 차이에는 한이 없다. 같은 인간끼리도 서로 틀리며, 그 가장 높고 완전한 것은 신(神)의 모나드이다. 그러나 모나드는 모두 의식적인 것이니까, 어느 모나드나 우주의 삼라 만상을 다 반영하고 있다. 다만 그 반영하는 정도에 차이가 있을 따름이다. 이리하여 모나드는

"우주의 영원하고 살아 있는 거울(un miroir vivant perpetuel de l'univers)"

이라고 불린다. 라이프니츠의 이런 견해는 화엄의 일즉일체(一卽一切)의 입장과 비슷하지 않은가. 이것은 중국 화엄종의 입장과 그와 유사한 것으로 보이는 라이프니츠의 주장이다.

그러나 『화엄경』의 서술은 이런 화엄종의 연기의 이론이나 라이프니츠의 일즉일체의 주장과는 약간 견해를 달리한다고 할 수 있겠다. 그것은 보살이 차차 부처님의 세계에 가까워지는 것을 묘사한 글에도 나타나듯이 우리의 지성으로는 이해가 불가능한 면이 있다. 그것은 끝없는 부처님의 세계이며, 또 부처님의 광명을 받아 보살행을 거듭함에 의해 자각된 보살의 세계이다. 그것은 오직 우리의 인격이 고도로 발전하는 것에 의해서만 자각되고 이해될 터이다. 따라서 지성만으로 처리되는 영역이 아니라,

보살행의 실천을 통해 저절로 이해되는 세계라 할 수 있다.

이런 세계의 의미를 좀더 밝혀 보기 위해 경전에 서술된 보살의 삼매에 눈길을 돌려 보자. 삼매란 한 일에 전념하여 그것 자체가 되는 것을 말한다. 보살의 삼매는 이미 설명한 바와 같이 비로자나불의 대삼매(해인 삼매·화엄 삼매 따위)에 의해 뒷받침되고, 그 안에 섭취되는 것에 의해 성립할 수 있다. 보살의 삼매란 어떤 것인지 다음의 경문을 보기로 하자.

"보살은 시방의 세계에 인연이 있는 까닭에 그것에 왕복·출입하여 중생을 구제하며, 때로는 삼매에 들고 때로는 삼매에서 일어난다.

혹은 동방에서 삼매에 들어 서방에서 삼매로부터 일어나며, 혹은 서방에서 삼매에 들었다가 동방에서 삼매로부터 일어난다.

이렇게 삼매에 나고 들며 시방에 두루 미치는 것은 보살의 삼매에서의 자재력 때문이다.

시각에서 삼매에 들었다가 색채에서 삼매로부터 일어나 색채의 불가사의함을 본다. 색채에서 삼매에 들었다가 시각에서 삼매로부터 일어나는 경우에도 마음은 어지러워지지 않고 시각이 생기는 일도 없고 자성(自性)도 없어서 오직 적멸(寂滅)[25] 이 있을 뿐이다.

청각에서 삼매에 들었다가 음성에서 삼매로부터 일어나 갖

<hr>

25) 여러 뜻이 있으나, 여기서는 고요하다는 말. 부처나 성자는 번뇌·집착을 떠났으므로 그 심경이 늘 고요하다는 것.

가지 음성을 분별한다. 음성에서 삼매에 들었다가 청각에서 삼매로부터 일어나는 경우에도 마음은 어지러워지지 않고 청각도 안 생기고 자성도 없고 오직 적멸이 있을 뿐이다.

마음에서 삼매에 들었다가 대상에서 삼매로부터 일어나 여러 대상을 식별한다. 대상에서 삼매에 들었다가 마음에서 삼매로부터 일어나는 경우에도 마음은 생기는 일이 없고 자성도 없고 오직 적멸이 있을 뿐이다.

소년의 몸에서 삼매에 들었다가 장년의 몸에서 삼매로부터 일어나며, 장년의 몸에서 삼매에 들었다가 노년의 몸에서 삼매로부터 일어난다.

노년의 몸에서 삼매에 들었다가 어여쁜 여인에게서 삼매로부터 일어나며, 어여쁜 여인에게서 삼매에 들었다가 어여쁜 남자에게서 삼매로부터 일어난다.

한 털구멍에서 삼매에 들었다가 모든 털구멍에서 삼매로부터 일어나며, 모든 털구멍에서 삼매에 들었다가 한 털끝에서 삼매로부터 일어난다.

한 털끝에서 삼매에 들었다가 모든 털끝에서 삼매로부터 일어나며, 모든 털끝에서 삼매에 들었다가 한 미진(微塵)에서 삼매로부터 일어난다.

한 미진에서 삼매에 들었다가 모든 미진에서 삼매로부터 일어나며, 모든 미진에서 삼매에 들었다가 여러 부처님들의 광명에서 삼매로부터 일어난다.

여러 부처님들의 광명에서 삼매에 들었다가 대해 물에서 삼매로부터 일어나며, 대해 물에서 삼매에 들었다가 허공 가운데서 삼매로부터 일어난다.

이와 같이 무량한 공덕을 지닌 사람은 그 삼매가 자유 자재하며 불가사의하다.

비록 시방 일체의 여래들이 그 삼매에 대해 설하신다 해도 그것을 다 말씀하실 수는 없다.

모든 부처님들은 다 같이 중생의 업보(業報)는 불가사의하다고 하셨다."

(賢首菩薩品)

이 글에서 보듯이 보살의 삼매는 천의 무봉이라 할까, 완전히 자유 자재하다. 제 뜻대로 삼매에 드나들 수 있고, 또 그 범위는 시방 세계에 두루 미친다. 이리하여 보살은 몸이 닿는 곳, 관계되는 곳, 언제 어디서라도 자유로이 삼매에 출입하여 중생을 위한 활동을 계속한다. 단순히 이것을 중중 무진의 연기라 설하든지 일즉일체(一卽一切)라 말하든지 한대도, 지적 이해를 포함한 실천의 세계에 들어가지 않고서는 경전의 취지를 포착했다고 할 수 없을 것이다. 경전은 이론을 전개한 것이 아니라, 보살행의 실천을 통해 보살의 무진한 활약상을 묘사하고 있음을 알아야 한다. 따라서 여기에는 우리의 조잡한 상식에서 벗어난 보살의 미묘한 활동이 나타나 있다. 그것은 오랫동안에 걸친 보살행에 의해 부처님의 세계에 접근해 가는 보살의 실천이요 보살의 자각이다.

그런데 여기에서 우리는 놀라운 표현과 부딪친다. 그것은 앞에서 인용한 글의 마지막 대목이다.

　"모든 부처님들은 다 같이 중생의 업보는 불가사의하다고 하
　셨다."

　결국 자유 자재한 보살의 삼매가 사실은 우리 중생의 불가사
의한 업보라는 것이다. 오랜 실천을 통해 부처님의 세계에 들어
갈 수 있었던 보살의 경지가 도리어 중생의 업보라는 것은 무슨
뜻일까?
　여기에서 독자는 앞 장에 나온 비로자나불 세계의 모습을 떠
올릴 것이다. 즉 그 중의 첫째 관점은 끝없는 인연의 세계인 동
시에 중생의 행위나 숙업의 세계였다. 다시 셋째 관점에서는 세
계의 여러 형태에 대해 말하다가 마침내는 일체의 업해(業海)는
불가사의하다고 탄식하였다. 비로자나불의 세계는 여러 가지 관
점에서 설명되지만, 한편으로 말한다면 우리의 불가사의한 업해
야말로 바로 부처님의 세계인 것이다.
　여기에서 비로자나불의 세계와 자유 자재한 보살의 삼매와 불
가사의한 중생의 업해가 한 선으로 연결되기에 이른다. 실천을
통해 부처님에게 다가간 보살의 삼매 출입이 사실은 부처님 자
체가 활동하는 모습이며, 생사의 고뇌에 잠겨 있는 우리 중생이
곧 부처님의 고뇌요 부처님 자체의 세계가 되는 것이다. 여기에
『화엄경』이 설하는 세계관의 비밀이 있다. 이 비밀의 의미에 대
해서는 이미 제1장과 제2장에서 세세히 논한 바 있다. 다만 여기

서는 비로자나불을 배경으로 하여 보살의 삼매와 중생의 업보가 하나로 겹치는 점이 주목된다고 하겠다. 즉 부처님의 세계에 들어가 삼매에 출입하고 있는 보살의 모습이 사실은 비로자나불의 광명에 비쳐지고 있는 우리네 중생의 업해라는 것이다.

이 견지는 우리에게 매우 뜻 깊은 바가 있다.

"시각에서 삼매에 들어가 색채에서 삼매로부터 일어나 색채의 불가사의함을 본다……."

이를테면 동틀 녘 깊은 산 속에서 새벽 빛 속에 영롱한 모습을 드러내고 있는 산을 넋을 잃고 바라본다 하자. 오직 무아의 경지이다. 나타나 있는 것은 불가사의한 색채뿐이다. 이는 바로 보살의 자유 자재한 삼매 출입이 아닌가.

"청각에서 삼매에 들어가 음성에서 삼매로부터 일어나 여러 음성을 식별한다……."

아름다운 음악에 나를 잊고 귀를 기울인다. 시냇물의 졸졸대는 물 소리에 더위도 사라져서 황홀해진다. 이것 또한 삼매 왕복이 아니고 무엇인가.

"소년의 몸에서 삼매에 들어갔다가 장년의 몸에서 삼매로부터 일어나며, 장년의 몸에서 삼매에 들어갔다가 노년의 몸에서 삼매로부터 일어난다."

어린이 · 부모 · 조부모가 한자리에 모인 단란한 집안의 광경을 생각하는 것으로 족하다. 어린애가 어머니에게 매달리고, 할아버지가 손자를 넋 잃은 듯 바라보고 있다. 이야말로 상호간의 삼매 출입이다.

이렇게 본다면 보살의 자유 자재한 삼매는 그대로 일상 생활에서의 중생의 모습이라 할 수 있겠다. 다만 우리는 자기의 모습인데도 충분히 그 뜻을 깨닫지 못하는 것뿐이다. 우리는 보살의 삼매도 중생의 업보도 끝없는 비로자나불의 세계해(世界海)라는 것을 생각해야 한다. 그리고 그런 사태를 긍정하고 받아들이는 일이야말로 인생 행로의 첫걸음이요 신심인 것이다. 대승의 가르침을 믿는다는 것은 바로 이 사실을 가리킨다. 우리가 신심에서 출발하여 보살로서의 길을 부처님을 향해 끝없이 나아가는 것도 이런 비로자나불의 세계해에서만 비로소 뜻을 가질 수 있을 터이다.

생활

앞의 항목에서 우리는 신심에서 출발하여 그 신심이 지향하는 바를 꿰뚫어 감으로써 끝없는 부처님의 세계에 뛰어드는 보살의 모습을 파악했다. 그리고 그런 보살의 모습을 비로자나불의 광명에 비추어 볼 때 어떤 의미를 갖게 되는가 하는 점을 밝힌 셈이다. 여기에서는 보살의 행로를 한층 구체적으로 실현하기 위해서, 우리 자신의 생활로 돌아가 경전이 가르치는 말에 다시 귀를 기울여 보자.

우리의 생활은 일단 재가자의 생활과 출가자의 그것으로 구분할 수 있을 것이다. 그러나 도를 구하고 있는 한 재가자도 보살이요 출가자도 물론 보살이다. 고대 인도에서는 아리안 민족 특유의 풍습이 전해져서 인간의 일생을 네 시기로 구분하였다.

첫째는 학생 시기여서 부모 곁을 떠나 스승의 집에서 기식하면서 『베타(吠陀)』[26]를 배우고 제사 의식을 익혀 종교적인 훈련을 받는다.

둘째는 가정 시기여서 종교 교육을 마치고 집에 돌아가 가장으로서 세속적인 생활을 영위하고 결혼하여 자식을 낳으면서 자기에게 주어진 업무를 수행한다.

셋째는 임서(林棲) 시기여서 늙은 다음 업무를 마치고 집을 장남에게 넘겨 주고 나서 숲 속에 들어가 갖가지 고행을 닦으면서 명상을 일삼는다.

넷째는 방랑 시기여서 한 군데에 안주하지 않고 이른바 운수(雲水)[27]의 생활로 들어가 사방을 편력한다.

이 풍습에서 본다면 1·2기가 재가자, 3·4기가 출가자에 해당한다. 따라서 재가자와 출가자는 같은 한 사람의 생활로서 지속되었던 것이다. 적어도 불교 이전에는 말이다.

경전은 먼저 재가자의 생활에 대해 다음과 같이 가르치고 있다.

"보살이 집에 있을 때는 가정에 수반되는 갖가지 곤란을 제쳐 두고 인연공(因緣空)[28]을 체득하겠다.

부모를 섬길 때에는 이를 잘 봉양하여 부모로 하여금 크게 편안할 수 있도록 하겠다.

처자 권속이 모일 때는 멀고 가까움 없이 평등하게 대하며 애

---

26) veda. 인도 바라문교의 성전.
27) 일정한 거처 없이 떠돌아 다니며 수도하는 중. 운납(雲衲).
28) 모든 것은 인연(조건)으로 이루어져 실체가 없으며, 인연 자체도 실체가 있는 것은 아니므로, 만유가 공일 뿐 아니라 그 구성 요소인 인연 또한 공이라는 것.

욕의 집착으로부터 떠나도록 하겠다.

오욕(五慾)[29]을 만날 때는 탐심이나 미혹을 버려서 덕이 손상되지 않도록 하겠다.

음악이나 무용을 듣고 볼 적에는 불법의 즐거움을 얻어 모든 것은 환상 같다고 볼 수 있게 하겠다.

침실에 있을 때는 애욕의 더러움을 떠나 청정한 경지로 나아가도록 하겠다.

고운 옷을 입을 때는 그것에 집착하는 마음을 버리고 진실의 세계에 들어가도록 하겠다.

높은 누각에 오를 때에는 진리의 전당에 올라가는 듯 생각하여 오묘한 도를 얻도록 하겠다.

남에게 보시할 적에는 일체의 집착을 버리고 조금도 애착하는 마음을 지니지 않도록 하겠다.

집회의 자리에 있을 때는 궁극의 해탈을 얻어서 부처님의 집회까지 이를 수 있도록 하겠다.

재앙을 만났을 때는 자유 자재로 마음이 움직여서 장애됨이 없도록 하겠다."

(淨行品)

이상은 재가자로서의 생활 태도를 설명한 것이다. 재가자의 일상 생활을 긍정하여 휴머니즘에 입각하면서 궁극에 가서는 집착을 떠나도록 가르치고 있다. 일상 생활에서는 여러 가지 문제

---

29) 오근의 대상이 되는 것. 색 · 성 · 향 · 미 · 촉의 다섯 가지 욕심.

가 생긴다. 부모를 섬기는 일·처자 권속의 문제·음악이나 무용·가정에 수반되는 여러 가지 어려움·집회의 자리·천재 지변 등등. 재가자는 일을 처리할 때 휴머니즘에 입각하지 않으면 안 된다. 사람이라면 누구나 그렇게 할 수밖에 없는 감정을 존중하여, 그에 따라 실행에 옮겨야 한다.

풍속과 습관은 나라에 따라 다르다. 인도에서는 인간적·도덕적인 행위라고 생각되는 일이 다른 나라에서도 반드시 통하는 것은 아니다.

그런 것을 생각한다면 재가자는 세상 물정에 통달하여 일상적인 상식에 익숙해질 필요가 있을 터이다.

그러나 보살의 마지막 목표는 어떤 생활 환경에서건 마침내는 인연공을 체득하여서 집착을 떠나고 애욕의 더러움으로부터 멀어지는 데 있다고 할 수 있겠다. 아무리 인간적인 행위에 철저하더라도 그 밑바닥에 집착이 남아 있고 보면, 그것은 보살로서의 자격을 상실하는 것이 될 터이다. 이 점이 한층 명백히 나타나 있는 것은 출가자의 생활이리라.

"보살이 신심을 일으켜 집을 버릴 때에는 모든 세상의 업무를 포기하고 집착하지 않도록 하겠다.

승방에 있을 때는 모든 출가자끼리 화합하여 마음에 거리가 없도록 하겠다.

속인의 복장을 벗을 적에는 오로지 불도를 구하고 덕을 닦아서 태만에 빠지지 않도록 하겠다.

삭발할 때에는 번뇌까지도 잘라 버려서 깨달음의 경지에 도달하도록 하겠다.

승복을 입을 때는 탐심·성냄·어리석음의 삼독을 떠나 불법의 즐거움을 얻도록 하겠다.

출가했을 때는 부처님처럼 집을 나가 모든 중생을 인도하도록 하겠다."

(淨行品)

보살이 신심을 일으켜 집을 버릴 때에는 모든 세간사를 포기하여 집착함이 없어야 한다. 이 점에 출가자의 기본적인 성격이 있다. 이것이야말로 출가자의 첫째 의무이며, 출가자를 출가자로 만든다고 할 수 있다. 만약 이 정신을 떠난다면 그것은 형식만의 출가자여서, 사실은 출가자임을 스스로 부정한 것이 된다. 그러기에 삭발할 때는 번뇌까지도 함께 단절해 버리는 일이라든지, 법복을 입을 때는 탐심·성냄·어리석음의 삼독을 떠나는 일 따위가 강조되는 것이다. 인간의 여러 번뇌 중에서 탐(貪)·진(瞋)·치(癡)가 근본이라 하여 이것을 삼독이라 부른다. 이를 떠나는 일이 출가자에게 매우 중요한 것은 쉽게 짐작되는 바이다.

그런데 출가자의 목표는 앞서 인용한 경문에도 나오듯이 불퇴전(不退轉)의 경지에 도달하는 일이다. 불퇴전(anivartin, anivartya, 阿毘跋致)이란 결코 물러서지 않는다, 뒷걸음치지 않는다는 뜻이다. 그 경지에 이르면 신심이 확립되어 절대적인 안정이 이루어져서 어떤 경우에도 동요하는 일이 없음을 가리킨다.

따라서 거기서부터는 부처님의 궁극적인 깨달음을 향한 전진이 있을 따름이다. 그러므로 보살은 먼저 첫째 목표로서 이 불퇴전의 경지를 지향할 것이 요청되는 바이다.

예로부터 이 경지는 보살의 실천의 행로에서 가장 존중되어 왔다. 뒤에서 언급하려니와 보살의 인격 형성 과정을 열 단계로 나누어 십지(十地)라고 부르는 견해가 있다. 그런데 여기서 불퇴전의 경지를 초지(初地)로 보느냐 8지로 보느냐, 또는 그 밖의 경지로 보느냐 하는 문제는 여러 가지로 견해가 갈라진다. 정토종의 완성자 신란(親鸞)은 대신심이 확립된 경지를 '정정취(正定聚)[30] 불퇴전의 자리'라 하여, 부처님의 세계에 준하는 것으로 보았다. 불퇴전은 보살도에서 이 정도까지 중요시되었던 것이다. 하여간 여기에 이르면 결코 물러나는 일이 없이 오직 전진만이 있게 되니까 매우 평안한 심경이 될 것이며, 따라서 존중되는 것도 당연하다고 하겠다. 이런 까닭에 불퇴전을 지향하는 것은 출가자에게만 한정되는 문제가 아니라 재가자 또한 그러해야 되려니와, 이것이 특히 출가자에게 강조되어 온 것이라고 생각된다.

그러나 출가자가 영위하는 것도 역시 인간의 생활이다. 거기에는 당연히 출가자의 사회가 형성된다. 사회 생활이라는 점에서는 재가자나 출가자나 마찬가지이다. 따라서 출가자는 출가자의 사회 생활 안에서 화목을 유지해야 한다. 그것은 재가자의 생활에서 화합에 노력하지 않으면 안 되는 것과 마찬가지이다. 또

---

30) 사람의 성질을 셋으로 나눌 때 장래 부처가 될 것이 확실한 사람.

출가자가 오직 자기만의 깨달음을 추구한다면 그는 소승의 무리라 하여 배척될 것이다. 출가자는 자기의 깨달음을 지향하는 것과 함께 모든 사람을 깨달음으로 인도해야 한다. 자리행과 이타행이 원만하게 조화되도록 힘써야 되는 것이다.

이상과 같이 고찰해 보면, 재가자에게는 재가자로서의 의무가 있고 출가자에게는 출가자로서의 할 일이 있음을 알게 된다. 어느 쪽이 훌륭하다고는 말할 수 없다. 중요한 것은 각각 신분과 지위에 따라 주어진 의무를 다하는 것이다. 더구나 재가자·출가자를 가릴 것 없이 마지막에 가서는 일체의 집착을 떠남으로써 불퇴전의 경지를 지향하고, 드디어는 부처님의 깨달음에 도달할 것을 기약해야 한다.

그런데 이와 같이 우리의 일상 생활이라는 기본적 지반에 서서 보살도를 진행시킬 때, 일단 재가자와 출가자의 생활 양식이 구별되기 마련이지만, 그러나 어느 쪽이나 모두 생활 자체가 바로 보살도임을 알 수 있다. 생활이 곧 불법인 것이다. 그래서 경전은 재가자나 출가자를 불문하고 생활 자체가 바로 불법이라는 점을 강조한다. 아래에서 경전의 취지를 따르며 논술로써 밝혀 가고자 한다.

먼저 좌선의 마음가짐에 대해 설명하고 있다. 좌선 역시 생활이다. 즉 결가부좌할 때는 도심(道心)이 견고하여 부동의 경지에 이르도록 힘써야 한다. 삼매에 들었을 때는 그것을 철저히 하여 궁극의 선정에 도달해야 한다. 또 갖가지 사물을 관찰할 때는 진실한 모습(實相)을 파악하는 데 아무 장애가 없도록 마음을 써야 한다.

다음에는 일상에서 겪는 여러 사소한 일들에 대해 말하고 있다. 이를테면 옷을 입을 적에는 늘 여러 가지 공덕을 몸에 걸치는 것처럼 여겨서 항상 참회할 것이 요망된다. 또 옷 매무새를 바로 하고 띠를 맬 때에는 불도에 정진하는 마음을 새로이 해야 한다. 손에 양지(楊枝)[31]를 잡을 때는 마음에 바른 진리를 얻어서 자연히 청정해지도록 한다. 대소변을 볼 때에는 모든 더러움을 제거하는 생각을 지니며, 특히 탐·진·치의 삼독을 버리도록 한다. 물로 손을 씻을 때는 그 깨끗한 손으로 불법을 받잡도록 한다. 입을 양치질할 적에는 그 마음을 청정한 불법으로 돌려 해탈을 완성할 것을 다짐한다.

그리고 다음에는 길을 걸어갈 적에 가져야 할 마음씨에 대해 설명한다. 즉 길을 걸을 때는 청정한 법계(法界)[32]를 걷는 듯 생각하여 마음의 장애로부터 떠나도록 한다. 오르막길을 걸을 때는 그것이 깨달음에 이르는 길이라 생각하여 미혹의 세계를 초월할 것을 다짐한다. 언덕길을 내려갈 때는 겸손한 마음을 가져 부처님의 깊은 가르침으로 들어가도록 한다. 험한 길을 걸을 때는 인생의 나쁜 길을 버리고자 생각해서 그릇된 견해로부터 떠나도록 한다. 똑바로 난 길을 걸을 때는 정직한 마음이 됨으로써 거짓으로부터 떠나도록 한다.

다음에는 여러 가지 자연 풍경을 접했을 때의 마음씨가 설명

---

31) 치아를 닦는 데 쓰는 도구. 버들 가지로 만들고, 그 끝을 바수어서 손처럼 만든 것.
32) 진여의 세계.

되어 있다. 이를테면 큰 나무를 보았을 때는 다투는 마음을 버리고 성내고 원망하는 생각에서 떠나도록 한다. 높은 산을 보았을 때는 궁극적인 깨달음을 지향해서 불법의 정상에 오르겠노라 생각한다. 가시나무를 보았을 때는 삼독의 가시를 빼어 버려 남을 상하고자 하는 마음을 없애도록 한다. 무성한 숲을 볼 때에는 불도의 그늘을 만들어 선정 삼매에 들어가고자 생각한다. 과일이 풍성하게 익은 것을 볼 때에는 다시 보살도에 힘써서 더 없는 진리의 과일이 익도록 한다.

다음은 자연 풍경 속에서도 물과 관계가 있는 것들이다. 이를테면 흐르는 물을 볼 때에는 진리의 흐름에 배를 저어 불지(佛智)의 대해로 나아가도록 한다. 우물물을 볼 때에는 다함이 없는 불법의 물을 마심으로써 무상(최고)의 덕을 닦도록 한다. 산골의 시냇물을 볼 때에는 티끌이나 때를 씻어 버리고 맑은 마음이 되도록 한다. 다리를 볼 때에는 불법의 다리를 만들어서 끊임없이 사람들을 피안(彼岸)[33]으로 건너게 해주겠노라 생각한다.

또 다음에는 사람들의 여러 가지 모습을 보고 불심(佛心)을 일으킬 것이 강조되고 있다. 즉 즐기는 사람을 보고는 청정한 불법을 희구하여 불도에 의해 스스로 즐기도록 한다. 근심하는 사람을 보고는 미혹을 떠나고자 하는 마음을 일으키도록 한다. 고민하는 사람을 보면 모든 괴로움을 떠나 부처님의 지혜에 도달하리라 생각한다. 건장한 사람을 보면 금강석같이 파괴되지 않는

---

33) 미혹의 세계인 차안(此岸)에 대해 이상향인 열반의 세계.

법신(法身)을 얻겠노라 생각한다. 병든 사람을 보면 항상 부처님들이나 보살들의 은덕을 생각하도록 한다. 출가한 사람을 보면 몸의 공적(空寂)함을 깨달아 모든 괴로움에서 해탈하겠노라 생각한다. 은혜를 갚는 사람을 보면 항상 부처님들이나 보살들의 은덕을 생각하도록 한다. 출가한 사람을 보면 청정한 불법을 얻어 모든 악을 떠나도록 하리라 다짐한다. 고행하는 사람을 보면 몸과 마음을 굳게 지녀서 불도에 정진하도록 한다.

다음에 밥 먹을 때의 마음가짐이 설명되고 있다. 밥을 먹는다는 것은 일상 생활에서 우리가 늘 하고 있는 일일 뿐 아니라, 이것에 의해 목숨이 유지되는 매우 중요한 사항이다. 그러기에 밥을 얻었을 때에는 그 힘에 의해 뜻을 불도로 향하게 한다. 밥을 얻지 못했을 때는 모든 악행으로부터 떠나리라 마음 먹는다. 맛있는 음식을 얻었을 때는 지조를 지키고 욕심을 적게 하여 그것(미식)에 집착하지 않도록 한다. 맛없는 음식을 얻었을 때는 모든 것은 허공과도 같이 무상(無相)[34]이라는 삼매에 깊이 들어간다. 음식을 먹을 때에는 선정의 즐거움을 먹는 듯이 생각한다. 밥을 다 먹었을 적에는 공덕이 몸에 충만하여 불지(佛智)의 완성을 위해 힘쓰도록 한다.

그리고 끝으로 여래를 뵈었을 때와 아침 저녁으로 지녀야 할 마음씨가 설명되고 있다. 즉 여래(부처)를 뵈올 때에는 남김 없이 불안(佛眼)을 얻어 여래의 실상(實相)을 뵙도록 한다. 또 여

---

34) 일정한 모습이 없음.

래의 실상을 뵈올 때는 두루 시방 세계를 관찰하여 단정하기 부처님같이 되겠노라 여긴다. 밤에 질 직에는 모든 활동을 끊고 마음의 어지러움으로부터 떠나도록 한다. 아침에 눈뜰 때에는 모든 것에 마음을 써서 시방 세계를 돌보리라 생각한다.

이것은 보살의 생활이 그대로 불도임을 말하고 있다. 우리가 보는 것·듣는 것·접하는 것, 그런 것들 모두가 불도로 나아가는 기연이 되지 않는 것이 없다. 그것이 순연(順緣)[35]이든 역연(逆緣)이든 모두 그렇다. 그리하여 순연일 경우에는 그것을 연장시킴으로써 미혹을 초월하며, 역연일 경우는 그것으로부터 떠남으로써 미혹을 극복하려 든다. 따라서 재가자든 출가자든 우리가 인간인 한은 일상 생활의 다반사를 통해 불도를 닦아 갈 것이 요망된다. 그것이 곧 보살도의 기본적인 생활 방식이다.

---

35) 순조로운 인연. 이에 대해 지장이 되는 인연이 역연.

끝없는 실천

보살이 생활을 곧 불도라 여겨 일상 생활에서의 모든 기연을 포착하여 불법을 실천하면, 보살은 여러 가지 관점으로 보아 매우 안정된 경지에 이를 수 있게 된다.

우선 첫째로 보리심부터 살펴보자. 보리심은 앞에서도 언급했듯이 깨닫고자 하는 마음이며 보살의 기본적인 자격이 되는 정신이다. 이 마음이 없다면 보살로서 실격자가 될 것은 두말 할 나위가 없는 일이다. 그러나 일단 이 마음을 일으키기만 한다면, 그 공덕은 무엇과도 비교할 수 없을 정도로 크다. 그것은 앞에서 말한 신심(信心)의 공덕과 통하는 점이 있다. 경전에는 비로소 보리심을 일으킨 이의 공덕이 전해지고 있다.

제석천(帝釋天)이 법혜(法慧) 보살에게 물었다.

"불자(佛子)여! 초발심(初發心 ; 처음으로 보리심을 일으킴)의 보살은 어느 정도의 공덕을 갖추고 있겠는가?"

법혜 보살은 대답했다.

"불자여! 그 도리는 심원하여서 알기 어렵고 믿기 어렵고 깨닫기 어렵고 설하기 어렵고 분별하기 어렵다. 그러나 나는 부처님의 신통력에 힘입어 당신에게 이르리다.

불자여! 이를테면 어떤 사람이 동방 무수한 세계의 중생들을 오랫동안 공양하고, 또 오계(五戒)[36]를 지키게 했다 하자.

또 동방 세계에서처럼 사방·팔방·시방 세계에 있는 중생에게도 같은 일을 했다고 치자. 어떻겠는가, 이 사람의 공덕은 많다고 생각하는가?"

제석천이 말했다.

"불자여! 여러 부처님들 외에는 그 사람의 공덕을 헤아릴 수 있는 이는 없을 것이다."

법혜 보살이 제석천에게 말했다.

"불자여! 그 사람의 공덕이 아무리 많다 해도 초발심의 보살이 얻는 공덕에 비한다면 그 백분의 하나, 천분의 하나, 백천분의 하나, 억분·백억분·천억분 내지는 셀 수도 없고 비교할 수도 없고 설할 수도 없는 수효로 나눈 하나에도 미치지 못할 것이다."

(初發心菩薩功德品)

---

36) 재가 신자에게도 지킬 것이 요구되는 계율. 중생을 죽이지 말라, 훔치지 말라, 음탕한 행위를 하지 말라, 거짓말을 하지 말라, 술을 마시지 말라.

이 글에도 명백히 나타나 있듯이 보리심을 일으켰을 때의 힘이 얼마나 큰지를 알 수 있다. 그런데 몇 번이고 보리심을 새로이 한 보살은 그 보리심이 점차 안정되고 또 그 방향이 여러 방면으로 발전하게 된다. 이를테면 보살은 그 보리심에 의해 도리에 맞는 것과 맞지 않는 것을 분별하는 지혜라든지 업보의 청탁을 아는 지혜 같은 것을 갖추고, 또 일체 중생이 무량한 고통을 받고 있음을 보아 일체의 지혜를 구하여 마지않는 마음을 일으키게 된다(十住品). 처음으로 보리심을 일으키는 것도 물론 큰 힘을 갖추는 것이 되지만, 이를 지속함으로써 여러 지혜가 개발되는 것이다.

둘째, 보살의 마음은 차차 안정되어서 무엇에건 동요하지 않게 된다. 이를테면 비록 부처님을 칭찬하거나 중상하는 소리를 들었을 경우라도 불법 속에 마음이 안정되어 있어서 동요를 일으키는 일이 없어진다. 또 진리를 찬양하거나 흠잡는 말을 들었을 때도 마음은 안정 상태에서 동요되지 않는다. 또 중생을 구하기 쉽다거나 구하기 어렵다는 말을 들었을 적에도 마음은 안정되어 있어서 동요하지 않는다. 또 진리의 세계는 유한(有限)하다거나 무한하다는 말을 들었을 경우라도 결코 동요하는 일이 없다. 또 세계는 실재(實在)한다거나 실재하지 않는다거나 하는 이론을 들었을 때도 마찬가지로 동요됨이 없다는 것이다(十住品).

여기에 말한 바와 같이 부처·진리·중생 따위에 대해 일컫는 일은 말하자면 외면적인 이론에 머무는 일이며, 이에 대해 보살 자신의 마음이 안정되어 있는 사실은 내면적인 확정성을 지니고 있다. 그러므로 외면적인 잡음이 아무리 높아져도 보살의 내면적인 안정은 그것에 의해 영향받지 않을 것은 당연한 일이라 하겠다.

이상은 보살의 지혜나 마음의 안정이 점차 깊어지고 또 견고해졌음을 보이는 것이거니와, 그와 동시에 보살은 더욱 강렬하게 실천적으로 활동하게 된다. 실천의 전형으로서는 예로부터 열 가지 바라밀(波羅密)이 문제되고 있다. 바라밀이란 산스크리트의 파라미타(pāramita)여서, '최고의 경지 즉 열반에 이르는 것'을 뜻한다. 열 가지라는 것은 보시(布施)·지계(持戒)·인욕(忍辱)·정진(精進)·선정(禪定)·지혜의 여섯 바라밀에 다시 방편·원·역(力)·지(智)[37]를 추가한 것이다. 이를테면 보시바라밀이라 하면 남에게 재물을 나누어 줌으로써 열반에 이르는 것을 말한다.

먼저 보시바라밀에 대해서는 다음과 같이 설하고 있다.

"이 보살은 평등한 마음으로 자기가 가진 모든 것을 일체 중생에게 회사한다. 회사하고 나서 뉘우치는 일도 없고 보수를 바라는 마음도 없고 명예를 바라지도 않고 훌륭한 세계에 태어나고자 하지도 않는다.

오직 원하는 것은 모든 중생을 구하여 섭취하는 일, 그리고

---

37) 사물의 도리의 시비·선악을 분별하고 판단하는 작용. '이지'에 해당한다고 보는 것이 좋겠다.

여러 부처님들이 행하신 바를 마음에 새겨 배우고 체득하고 실현하고 모든 사람들에게 이것을 설하는 일뿐이다."　　(十行品)

　보시는 재시(財施)와 법시(法施)로 구분된다. 재시는 재물을 희사하는 일이고, 법시는 부처님의 가르침을 베푸는 일이다. 그러나 그 어느 것이든 받는 사람·베푸는 물건이나 가르침·회사하는 주체로서의 자기에 대해 집착하는 일이 있어서는 안 된다. 집착하면 진실한 보시는 되지 않는다. 바꾸어 말해서 보시바라밀은 되지 않는 것이다. 앞의 인용문은 이런 사실을 잘 나타내고 있다. 베풀고 나서도 뉘우침이 없고 보수를 바라지 않고 명예를 구하지 않으며, 원하는 것은 오직 중생을 구하는 일뿐이라는 것이다.

　그리고 보살의 보시는 모든 점에서 철저하다. 필요한 경우에는 자기의 가장 소중한 것까지도 베푼다.

　"보살은 어떤 진귀한 음식이나 맛난 것이라도 집착함이 없이 모든 사람들에게 베푼다. 베풀고 나서 만일 남은 것이 있으면 스스로 먹고 다음과 같이 생각한다.

　'내가 음식을 먹는 것은 내 몸 속에 있는 대충 팔만쯤 되는 벌레 때문이다. 내 몸이 편하면 그들 또한 편안하고, 내 몸이 굶주리면 그들 또한 굶주려서 괴로워하리라.'

　또 보살은

　'나는 오랫동안 자기 몸을 위해 먹을 것·마실 것을 탐하여

왔다. 나는 속히 이 몸을 떠나도록 힘쓰리라.'

이렇게 생각한다."

(十無盡藏品)

이 보살의 정신은 보시라는 행(行)에 속의 속까지 철저하다. 자기의 육체적인 목숨까지도 다른 생물을 위해 베풀려 한다. 다만 몸 속의 벌레를 위해 자기도 살아가려는 태도는 실제 문제로서 검토할 때 어떠할까? 이를테면 전염병을 퍼뜨리는 병균의 목숨까지도 그것이 퍼지는 대로 그냥 내버려 두려는 태도가 되기 쉽다. 우리는 보살의 철저한 보시의 정신만을 받아들이고 그 적용은 사회적 판단에 따라야 할 것으로 안다.

"보살은 젊었을 때 그 모양이 단정·미려하고 엄숙하며, 그 용모는 특히 뛰어나서 청정한 옷을 걸치고 장식을 몸에 달고 있었다. 그는 국왕의 자리를 이어받아 천하를 다스렸다.

그때 웬 거지가 나타나서 왕에게 말했다.

'나는 늙고 병들고 쇠약하여 속으로 대왕의 생활을 부럽게 여기고 있습니다.

대왕이여! 부디 폐하의 왕신(王身)과 왕위와 천하를 저에게 내려 주시기 바랍니다.'

보살은 그래서 이렇게 생각했다.

'내 몸과 재물은 함께 헛된 것이므로 드디어는 없어지고 말리라.

나는 아직 젊고 힘도 강하며 천하를 소유하고 있거니와, 지금

거지가 눈앞에 나타났다.

'그렇다면 이 헛된 것 속에서 영원한 진실을 구하자.'

보살은 이렇게 생각하고, 기쁘게 자기가 지닌 모든 것을 버리어 거지에게 주었다."

(十無盡藏品)

여기서도 보살은 보시의 정신을 철저화하여 그것을 실행에 옮기고 있다. 그러나 그 정신은 받아들인다 하더라도, 실행의 형태까지 일반화하는 것에는 적잖은 문제가 따를 것으로 안다. 아무리 그 왕위가 세속적인 것이요 헛된 것이다손 치더라도, 그것을 달란다고 거지에게 주고 나서 자기는 오로지 불법을 구한다는 것은 도저히 허용될 일이 아니겠다.

거지에게 왕위를 주는 것 자체가 참다운 보시가 되는지의 여부도 고려되지 않으면 안 될 것이다. 다만 여기서는 어떤 고귀한 것이라도 그것이 세속적인 것인 한 하잘것없다는 대원칙에 비추어서 보시의 정신을 사회에서 실현해야 한다는 뜻일 뿐이다. 그러나 때로는 거지의 요구를 거부하고 왕으로서의 의무를 다하는 것이 더욱 진실한 보시가 될 수도 있다는 점에 유의해야 한다.

보살의 보시의 정신이 좀더 잘 나타나 있는 보기로서 다음과 같은 대목을 들 수 있다.

"많은 사람들이 보살에게 찾아와서 말했다.

'저희는 가난하여 아무 희망도 없는 사람들입니다. 부디 자비를 베푸사 저희의 목숨을 살려 주십시오.'

보살은 그 요구하는 바에 따라 만족시켜 주고 나서 다음과 같이 생각했다.

'나는 좋은 일을 할 수 있었다. 이런 사람들은 나의 복전(福田)[38]이며 나의 좋은 친구이다. 내가 찾지도 않았건만 스스로 찾아와서 나를 가르치고 나를 발심(發心)[39]케 하고 나로 하여금 불도를 닦게 해주었다. 나는 이런 일을 앞으로도 실행하여 두루 사람들을 기쁘게 해주리라.

원컨대 내가 삼세(과거·현재·미래)에서 행한 바 공덕이 하루 속히 청정한 법신(法身)을 완성하여 사람들의 요구에 응해 모두 다 기쁨을 얻게 해줄 수 있기를. 또 이 공덕으로 인해서 사람들이 빠짐 없이 더 없는 깨달음을 성취할 수 있게 되기를.

나는 먼저 모든 사람들로 하여금 그 소원을 채우도록 해주리라. 그 후에 내 깨달음을 완성하리라.'

이렇게 생각할 때 보살은 주는 사람을 보지 않으며 그것을 받는 사람을 보지 않으며, 재물을 보지 않으며 업(業)과 보(報)와 또 결과를 보지 않는다."

(十行品)

이 보시의 정신은 더욱 철저해서 보시를 받는 사람을 복전이라 하고 좋은 친구라 하여 존경하고 있다. 그리고 드디어 그 보시를 기연으로 하여 모든 사람들이 최고의 깨달음을 얻도록 바

---

38) 선행은 복의 근본이므로 이렇게 말한다. 마치 농부가 밭에 씨를 뿌림으로써 가을이 되면 많은 곡식을 거둘 수 있는 것과 같다는 것.
39) '발보리심'을 줄여서 부르는 말. 즉 더 없는 진리를 깨닫고자 원을 일으키는 것.

라고, 자기의 깨달음은 뒷전으로 돌렸다.

보시란 남에게 베푸는 일이다. 자기의 모든 것을 베풀면서도, 자기가 베푸는 물품이나 또 상대에게 집착하지 않을 때 보시가 이루어진다. 그러나 여기서는 다시 그 뜻이 심화되어서, 상대를 자기로 하여금 보시라는 보살행을 실행케 해주는 복전이라 하여 숭배하고 있다. 자기가 보시를 상대에게 행하면서 사실은 상대가 자기로 하여금 행하게 만들었다는 의미로 논리가 전환된 것이다. 보시를 받는 상대가 거꾸로 보살행을 베푸는 주체로 바뀐 것이니, 이것은 확실히 보시의 의미의 커다란 전환이라고 할 수 있다.

그리고 이 전환 속에서 우리는 보살행이 갖는 화엄경적인 세계관의 특징을 발견할 수 있을 것이다. 즉 보시라는 한 가지 행위를 생각하는 데도 자기가 상대에게 베푼다는 표면적인 의미만이 아니라, 동시에 상대도 베풀고 있다는 이면의 의미까지도 주목한다. 하나의 보살행이 겉으로부터, 속으로부터 그 정신을 끝없이 실현하고 있는 셈이다.

이상은 보시라는 한 가지 보살행을 관찰한 것뿐이거니와, 이밖에도 보살행의 갖가지 형태가 고찰의 대상이 되고 있다. 그것은 앞에서 열거한 열 가지 바라밀이며, 다시 또 여러 관점에서 관찰되고 있는 회향(廻向)의 행(行)이다. 열 가지 바라밀은 보시 이외에 지계 · 인욕 · 정진 · 선정 · 지혜 · 방편 · 원 · 역 · 지를 말하는데, 그 하나하나에 대해 보시와 같이 보살의 철저한 실천이 뒤따르게 된다.

그 한 보기로서 아홉째의 역(力)에 대해 잠깐 살펴보자. 역이란 보살의 능력이며, 그 능력이 중생을 위해 끝없이 전개되고 있는 것이다. 즉 보살에게는 건전한 갖가지 몸이 있다. 이를테면 불생신(不生身)이란 모든 현상은 일찍이 생긴 일이 없었다는(不生) 진리를 체득하고 있는 신체요, 진실신이란 진실의 도리를 인식하고 있는 신체요, 무상신(無相身)이란 모든 세속 일을 초월하면서 깊이 제법(諸法 ; 여러 현상)의 실상을 분별하고 있는 신체인 따위이다. 보살은 이런 열 가지 몸을 완성하여 모든 사람들의 힘이 되어 준다는 것이다. 경전은 이 사실을 다음과 같이 묘사한다.

"보살은 일체 중생을 위해 스스로 집이 된다. 왜냐하면 선(善)의 능력을 길렀으니까.

보살은 일체 중생의 구제자가 된다. 왜냐하면 중생에게 공포 없는 마음을 주니까.

보살은 일체 중생의 귀의처가 된다. 왜냐하면 중생으로 하여금 편안한 세계에 안주(安住)케 하니까.

보살은 일체 중생의 인도자가 된다. 왜냐하면 중생에게 최고의 진리에 이르는 문을 열어 주니까.

보살은 일체 중생의 스승이 된다. 왜냐하면 중생으로 하여금 진실한 불법에 들어가게 하니까.

보살은 일체 중생의 등불이 된다. 왜냐하면 중생에게 인과 응보[40]의 도리를 가르쳐 주니까.

보살은 일체 중생의 밝은 지혜가 된다. 왜냐하면 중생으로 하여금 깊은 불법을 체득케 하니까.

보살은 일체 중생의 빛이 된다. 왜냐하면 중생에게 여래의 자재력을 나타내어 보이니까."
(十行品)

이상과 같이 보살은 여러 관점에서 보살행의 완성을 지향해 정진한다. 그리고 이와 같은 보살행의 마지막 태도는 회향(廻向)이라는 관념이다. 회향이란 자기가 얻은 바 공덕을 돌리는 일이다. 무엇에 돌리느냐 하는 점에서 세 가지 회향이 구분된다. 즉 보리 회향·중생 회향·실제 회향이다. 보리 회향이란 자기가 닦은 공덕을 보리(깨달음)를 위해 회향하는 것이고, 중생 회향이란 그 공덕을 중생에게 회향하는 것이며, 실제 회향이란 그 공덕을 궁극적인 세계 즉 열반에 회향하는 것을 말한다. 어느 것이거나 회향이란 자기 공덕을 다른 데로 돌리는 것이어서, 그러기에 자기 쪽에는 아무것도 남기지 않는다는 점에 특징이 있다. 자기에게 무엇 하나라도 남기는 것이 있다면 그것은 보살행의 완성이 아닌 까닭이다. 회향에 관계되는 경전의 문장을 인용해 보자.

"보살은 대자비를 완성하며 중생의 마음을 깨달음으로 향하게 하며, 중생을 위해 활동하되 잠시도 쉬는 일이 없다.

---

40) 모든 사물에는 그렇게 될 만한 원인과 결과가 있다는 것이 '인과' 요. 어떤 행동은 거기에 따르는 결과를 가져온다고 보는 것이 '응보' 이다.

보살은 깨달음을 구하는 마음을 가지고 여러 가지 선을 닦고, 모든 중생을 위해 지도자가 되어 지혜의 길을 가르치며, 모든 중생을 위해 진리의 해가 되어 두루 일체의 국토를 비추고, 모든 중생으로 하여금 선을 행하게 하느라고 자기는 잠시도 쉬는 법이 없다.

보살은 부처님께서 설하시는 진리를 듣고 마음에 잘 분별하여 다시 그것을 중생에게 가르치면서

'나는 한마음으로 무량·무변의 세계 안에 계신 삼세 제불을 정념(正念)[41]하여 보살의 의무를 이행하겠다.

나는 한 세계에서 한 중생을 위해 미래 영겁에 걸쳐 보살의 의무를 이행하겠다.

나는 모든 중생을 위해 마찬가지로 미래 영원토록 보살의 의무를 이행하겠다.

고 회향한다."

(十廻向品)

이렇게 보살은 미래 영겁에 걸쳐 깨달음을 위해, 중생을 위해, 부처님을 위해 회향해 마지않는다. 그리고 자기를 위해서는 무엇 하나 남겨 놓지 않는다. 어찌 보면 회향하는 일이 보살행의 전부라고 해도 된다.

왜냐하면 보살행은 비로자나불에 의해 뒷받침되면서, 비로자나불의 세계 즉 전 세계를 정화하고 장엄하고 견지해 가기 때문

---

41) 항상 수도하는 일에 생각을 집중하는 것. 곧 바른 생각. 팔정도(八正道)의 하나.

이다. 이리하여 보살은 끝없는 크나큰 바다를 건너가는 끝없는 실천의 행자(行者)[42]가 되는 것이다.

---

42) 불도를 수행하는 사람.

4. 보살에서 부처로

글머리에

앞 장의 「보살의 인생 행로」에서 우리는 보살행의 여러 형태에 대해 살펴본 바 있다. 그러한 보살행은 제2장의 「세계의 표시」에서 논술한 것과 같이 사실은 비로자나불의 세계에 의해 뒷받침되고 있다. 부처님의 세계를 무대의 뒤쪽이라고 치면, 보살의 인생 행로는 겉으로 보이는 무대라고 할 수 있을 터이다. 그리고 그런 사정에 대해서는 제1장의 「세계관과 인생관」 속에서 꽤 상세히 언급했던 것으로 안다. 그러나 「보살의 인생 행로」에서는 주로 겉으로 드러나 있는 무대만을 대상으로 하였던 까닭에, 그 막후에 숨어 있는 부처님의 세계에 관해서는 직접 언급할 기회가 없었다.

그러기에 이 장에서는 보살의 처지로부터 부처님의 세계를 향해 나아가는 경로를 더듬어 보고자 한다. 바꾸어 말하면 보살의 기본적 종교 체험에서 출발한 그 인격적인 세계가 부처님을 목표로 형성되어 가는 과정을 살펴보려는 것이다. 이 점에 대해서는『화엄경』중에서 성립 연대가 가장 오래 된 축에 속하는 십지품(十地品 ; 최초에는 십지경이라는 독립된 경전이었다) 속에 꽤 조직적으로 서술되어 있다. 경전은 대체로 사상적인 조직 체계를 갖추지 못한 것이 많지만, 십지품은 반드시 그렇지도 않아서 보살의 인격 형성 과정에 대해 체계적으로 이해하게 되어 있다. 여기서는 그런 십지품을 통해 이 문제의 구명을 시도해 보자.

십지란 열 가지 경지라는 뜻이어서 보살의 인격 세계의 발전 과정을 열 단계로 나눈 것이다.

제1은 환희지(歡喜地)라 하여 보살이 진리를 체득한 즐거움에 넘쳐 있는 경지이다. 이렇게 진리를 이미 체득한 경지로부터 출발한다는 점에 십지의 특색이 있다. 그리고 보살은 그 종교적 체험에 입각해서 보살로서의 갖가지 원을 세우고 그 실현에 착수하는 것이다.

제2지 이하는 서원이 실현되어 가는 과정이다. 제2는 이구지(離垢地)라 하여 진리를 체득한 보살이 현실 사회에 돌아가 도덕의 기본적인 훈련을 시작하는 단계이다. 그리하여 그것에 의해 점차로 인간의 더러움에서 떠나는 것이다.

제3은 발광지(發光地)라 한다. 스스로 궁극적인 깨달음에 도달하고자 노력하는 동시에 세상 사람들을 깨닫게 하고자 힘쓰는 이타의 두 가지 실천을 거듭하다 보면 자기 속으로부터 지혜의 광명이 생겨나게 되는 것이다.

제4는 염혜지(焰慧地)라 한다. 이 경지에 도달하면 자기 안에서 생긴 지혜의 빛이 불꽃처럼 타오르게 된다.

제5의 난승지(難勝地)에서는 무엇에나 지는 일이 없는 경지에 도달하게 된다.

그리고 제6의 현전지(現前地)에서 커다란 전환이 이루어진다. 그것은 세계의 모든 일이 다 자기 마음에서 말미암는다는 자각이다.

제7의 원행지(遠行地)에서는 보살행의 완성을 향하는 일에서 잠시라도 떠나는 일이 없다.

제8의 부동지(不動地)는 보살의 인격 형성에 마지막 전환점이 된다. 보살은 이 경지에서 대자연의 운행에 동화하는 것이다.

제9 선혜지(善慧地)와 제10 법운지(法雲地)는 제8의 부동지가 부처의 경지를 향해 나아갈 때 필연적인 도달점이다.

그러면 보살의 경지 하나하나에 대해 차례대로 살펴보고자 한다.

진리의 발견

보살이 부처님의 경지를 바라보며 나아가는 출발점이 진리를 체득한 즐거움으로부터 시작한다는 것은 보살 십지(十地)의 전 과정이 인격 형성의 매우 고도한 수준의 것임을 나타내고 있다. 진리를 체득하기까지의 숱한 우여 곡절은 이 서술에서 빠져 있는 것이다.

그러면 진리의 체험이란 무엇을 뜻할까? 그것은 보살이 온갖 보살행을 실천하다가 궁극의 깨달음을 향해 마음이 갑자기 열린 것을 뜻한다. 즉 보살은 인간의 모든 경지를 넘어서 부처님의 세계에 이 순간을 계기로 태어나는 것이다. 이 사실을 경전에서는

"범부지(凡夫地)를 넘어서 보살의 필정위(必定位)에 들어가 부처님의 집에 태어난다."

고도 하고,

　　"일체의 세간(世間)[1] 길에서 나와 출세간(出世間)[2]의 길로
들어감으로써 보살의 법성(法性)에 거처한다."

고도 했다.

　범부지(pṛthagjana‑bhūmi)란 인간의 경지로서 우리가 나날이
살고 있는 것과 같은 일상 다반의 의식 영역을 가리킨 말일 터이
다. 또 '보살의 필정위(bodhisattva‑niyāma)'란 반드시 부처가 될
보살의 부동한 경지를 가리키며, 보살의 법성이라는 말은 보살
(진리를 추구하는 사람) 자체의 본성, 곧 진리를 뜻한다.

　이상의 사실에서 볼 때, 범부지를 초월한다는 것은 일상 다반
의 의식 영역이 완전히 소멸된 상태를 가리키는 것이라고 생각
할 수 있다. 그러면 의식 영역이 완전히 소멸하여서 아무것도 없
는 공허 상태냐 하면 그렇지는 않아서 완전히 새로운 세계가 거
기에 나타나는 것이다. 의식 영역이 없어졌다는 점에서는 절대
공(絶對空)[3]이라고 할 수 있으려니와, 그것을 새로운 세계의 탄
생이라는 견지에서 말한다면 진리 자체라거나 부처님의 집이라
거나 또는 성불이 확정된 보살의 경지라고 할 수도 있겠다.

---

1) 생사와 번뇌가 있는 이 인간 세계. 또는 속세.
2) 생멸·변화하는 미혹의 세계를 초월한 진리의 세계.
3) 모든 존재는 공하다고 보는 것이 불교의 근본 사상이다. 그런데 공이라는 진리가 있다
　하여 이것에 얽매인다면, 그것은 공의 정신에서 자기 모순이 아닐 수 없다. 그러므로 이
　런 공도 공하다고 부정해야 된다. 이런 부정이 필요 없는 마지막 공이 절대공이다.

이것은 보살에게 새로운 종교적 체험이며, 이제껏 여러 가지 형태로 실행해 오던 보살행, 이를테면 보시·지계·인욕 등의 행위와는 전혀 성질을 달리한다고 할 수 있을 터이다. 이를테면 남에게 재물을 준다(보시)는 것은 이미 앞에서 말했듯이 보살의 종교적 실천으로서 극히 중대한 뜻을 지닌다. 그것은 지계·인욕 따위 그 밖의 보살행에서도 마찬가지이다. 그러나 이런 것들의 실천이 보살에게 아무리 중대사라 한대도, 보살의 심혼이 진정 범부지를 넘어 부처님의 집에 태어나 있느냐 어떠냐는 또 다른 문제이다. 여기에서는 아무래도 보살 자신의 근본적인 전환·근본적인 자각이 있어야만 된다. 보살 자신이 스스로 고개를 끄덕이는 종교의 근본 체험이 자각되어야 한다. 그것이 인간의 의식 영역을 완전히 초월하여 절대의 세계와 접하고, 그 세계를 체험하고 그 세계 안에서 새로이 태어났음을 뜻하는 것이다. 이것을 가리켜 "범부지를 넘어 부처님의 집에 태어난다."고도 하고, "일체의 세간 길에서 나와 출세간의 길로 들어감으로써 보살의 법성에 거처한다."고도 하는 것이다.

제1의 환희지(pramūditā‐bhūmi)는 이러한 종교적 세계의 초월적 체험에 의해 보살의 온 몸과 마음이 환희로 넘쳐 있는 경지를 가리킨다.

이런 종교적 체험은 종교의 교리와는 관계없는 인간 자체의 근본 체험이므로, 반드시 『화엄경』에만 국한되는 것은 아닐 터이다. 앞에서 언급한 『대무량수경』의 '신심 환희(信心歡喜)'도 그것일 터이며, 또 이미 앞에 나온 것이지만 중국 천태종의 혜사

(慧思)가 법화 삼매에 들어가 대오한 것도 비슷한 체험이었으리라. 선종에서는 견성(見性)이라 해서 자기의 본성 또는 존재 자체의 본질을 체험하는 것을 중요시하고 있거니와, 이것도 종교적 체험으로서 같은 종류에 속한다고 하겠다.

또 불교에서만이 아니라 인도 사상에서도 종교 자체의 경험을 주장하고 있다. 근대 인도의 종교적 천재인 라마크리슈나는 사상이나 교리를 넘어서 자기 존재 자체를 체험할 것을 강조한 바 있다. 그의 제자 비베카난다 또한 라마크리슈나의 정신을 이어받아 다시 합리적이며 철학적인 선에서 이 문제를 전개시켰다. 그리고 마침내는 종교 자체의 세계에 눈뜰 것을 목표로 내세우기에 이르렀던 것이다. 이것은 『베다』『우파니샤드(upaniṣad)』[4] 이래 인도 사상의 전통에서 나온 것이라고 말할 수 있다.

이러한 인간의 근본 체험은 불교나 인도 사상에만 있는 것이 물론 아니다. 서양에서도 많은 예증을 볼 수 있는데, 주로 신비 사상이라고 불리는 것에서 유사점이 발견된다. 이를테면 그리스 말기의 철학자 플로티누스는 궁극적으로 절대적 하나인 자(一者) 토 프로톤에 몰입할 것을 목표로 삼고 있거니와, 그 엑스터시의 체험은 역시 같은 것이라고 할 수 있으리라. 그 후의 아우구스티누스나 에크하르트에게서도 절대자에게 몰입해 가는 근본 사상을 엿볼 수 있다. 또 파스칼의 종교 경험이라는 것도 같은 성질일 터이다.

---

4) 인도 철학의 근본이 되는 책.

또 이런 경험이란 종교적 세계에서만이 아니라, 철학적 인간의 근저에서도 발견되는 것이 아닐까? 근대 합리주의의 시조라고 불리는 데카르트는 "코기토 에르고 숨(cogito ergo sum : 나는 생각한다. 그러므로 존재한다)."의 배경을 이루는 근본 경험, 또는 철학적인 전환의 경험이 있다. 그는 20대의 견습 사관 시절 다뉴브 강가에서 연말을 보냈다. 그때까지 오랫동안을 학문과 인생에 대해 고민해 왔으나, 어느 날 밤 장작이 타오르는 불빛을 보고 있노라니까 갑자기 영감이 전신을 엄습해 왔다. 그리하여 놀라운 학문의 기초가 발견되었다고 고백하고 있다. 이 체험이 "코기토 에르고 숨"의 배경을 이루었을 것은 명백한 사실이다.

또 프래트는 그의 저서 『종교 심리학』 속에서 로벨토 아르디고의 경험에 대해 말하고 있다. 아르디고는 아탈리아의 실증주의를 대표하는 철학자이다. 그는 중세의 기독교 철학과 과학은 양립할 수 있다고 믿었으나, 차차 그 확신이 무너져 갔기 때문에 매우 번민하였다. 그러던 어느 날 그는 정원의 바위에 걸터앉아 생각에 잠겼다가 갑자기 이제껏 자기를 신앙과 연결시키고 있던 마지막 줄이 뚝 끊어지는 것을 의식했다. 그러자 신앙과 과학 사이의 모순으로 말미암아 생긴 괴로움이 완전히 사라지고, 순수한 과학적 정신만이 온 몸에 충만해 옴을 느끼게 되었다고 한다. 이것은 종래의 종교적 신앙이 없어지는 대신에 새로운 세계가 눈앞에 나타났음을 의식한 것이 된다. 프래트는 아르디고의 경험을 종교적 전환과 거의 같은 것이라고 말했다.

지금까지 인간의 근본 체험에 대해 여러 예증을 들어 보았다.

이런 저마다의 경험은 그것이 모두 완전히 동일한 것이었다고 말할 수는 없으리라. 경험의 형태가 가지각색이듯이 경험의 내용도 각기 다른 점이 있을 것이다. 그러나 이런 경험들에 공통하는 것은 이것이나 저것의 문제를 다만 대상적으로 바라보는 것이 아니라, 이것이나 저것의 문제에 관계하면서도 결국은 스스로 자기 자신 때문에 문제 해결을 강요당하고 있다는 점이다. 더 단적으로 말한다면 여기서는 분명히 오직 자기만이 문제가 되고 있는 것이다. 따라서 자기 자체가 해결되지 않는 한 문제는 풀리지 않는다. 그러나 자기 자체가 해결된다는 것은 가장 주체적이며 가장 개체적인 인간의 영역에 속하면서도, 그것이 인간의 문제인 한에서는 동시에 가장 일반적이요 가장 보편적인 성격도 띠게 되기 마련이다. 그 점이 앞에 나온 여러 가지 경험의 형태 사이에 근본 경험으로서의 유사성이 발견된다고 생각한 까닭이다.

우리는 제1 환희지와 관련하여 이것과 유사한 인간의 여러 가지 근본 경험을 검토했다. 『화엄경』의 환희지가 다만 화엄의 입장에만 국한되지 않고, 널리 인류의 각 영역에 나타나는 여러 경험과 동일하다는 점에 주목하는 것은 매우 중요하다. 왜냐하면 『화엄경』의 세계관은 본래 불교의 고정적인 입장에만 한정되는 것이 아니라, 우주 자체의 활동성·유동성에 널리 눈을 주고 있으므로 불교 이외의 갖가지 견해와 주장에 대해서도 언제나 문호를 개방하고 있는 까닭이다. 그러므로 화엄의 입장에서 다른 갖가지 사상이 다루는 같은 문제 영역에 주목함으로써, 성질이

다른 사상 형태를 스스로의 사상적 생명의 양식으로 삼는다는 것은 극히 중요한 일이다.

그러나 한편으로는 역시 여기에서도 중대한 문제가 생기지 않는 것은 아니다. 그것은 같은 문제 영역에서 나타난 저마다의 근본 체험이 동일하다고 보기 어렵다는 점만이 아니다. 오히려 문제는 그런 대상적(객관적)인 판단에 있는 것이 아니라, 한층 주체적으로 자기 자신의 근본 경험이 이 경전에서 말하는 환희지의 기본적 성격을 띠고 있느냐 어떠냐 하는 점에 있을 것이다. 일단은 근본 경험처럼 보인다 해도 자칫하면 뿌리 깊은 자아 관념이 고개를 들어서 순수한 환희지의 양상은 간 곳도 없이 소멸해 버릴 우려가 없다고 단언할 수 있을까?

앞에서 말했듯이 자아 관념의 뿌리는 매우 깊다. 그것은 인간의 근원적인 의식이라고 생각되는 아라야식(ālayavijñāna)에까지 닿아 있다. 이 환희지가 말하듯이 범부지를 넘어서 부처님의 집에 태어나기 위해서는 자아 관념의 근원인 이 아라야식이 전환되지 않으면 안 된다.

그러면 아라야식의 전환은 무엇에 의해 가능할까? 자의식은 아라야식에 비겨 훨씬 표면적이니까, 자의식의 어떠한 노력에 의해서도 그 목적은 달성되지 않을 것이다. 오직 가능한 길은 가장 청정한 진리의 세계(最淸淨法界)로부터 들려 오는 진리의 음성, 즉 절대자의 소리를 듣는 일이라고 『섭대승론(攝大乘論)』의 저자 무착(無著, Asaṅga)[5]은 강조했다. 가장 청정한 진리의 세계란 바로 비로자나불의 세계 또는 우주 자체에 해당할 것이다. 즉 비로자나불의 광명을 우러러보고 그 생명에 접하며 그 크나큰 마음에 따르는 일이 아라야식을 전환하여 환희지에 도달함을 가능케 할 것이다.

그런데 이 환희지는 앞에서 말한 믿음과 밀접하게 연결되어 있다. 더구나 세 가지 믿음이 모두 여기에 열거되어 있는 것이다. 즉 슈랏다(신뢰)·프라사다(청정한 믿음)·아디무티(신해)이다. 이 점에서 생각해도 믿음은 환희지와 결합함으로써 비로소 믿음의 본성을 발휘할 수 있다고 해야겠다.

또 동시에 환희지는 일체 중생의 근거(pratiśaraṇa)라고도 일컬어진다. 바꾸어 말하면 환희지에 도달함으로써 자리행과 아타행의 근거가 획득된다는 이야기이다. 이것은 보살행으로서는 극히 주의해야 할 일이다. 환희지는 진리를 체득한 즐거움에 넘치고 있는 경지이므로 언뜻 보기에는 자리행뿐인 양 보일 수도 있는 까닭이다. 진리를 추구하던 자기가 그것을 획득한 셈이니까 자리행으로 보이는 것은 당연한 노릇이다. 그러나 그것은 표면상 그렇게 보이는 것뿐 사실은 그렇지가 않다. 범부지를 넘어서 부처님의 세계에 태어난다는 일은 오직 자기만의 문제에 그치는 것이 아니라, 그로써 끝없는 부처님의 세계에 뿌리를 박은 셈이니까 동시에 이타행을 펼칠 기반이 확립된 것을 뜻하는 까닭이다. 이와 같이 환희지를 기반으로 하고 출발점으로 하여, 자리·

---

5) 석가모니 입적 후 1천 년경의 사람. 여러 논저를 지어 대승 경전들을 해석함으로써 불교 교리를 널리 퍼뜨렸다.『현양성교론』『대승아비달마집론』『섭대승론』『유가사지론』『대승장엄론』등의 저서가 있다.

이타의 원만한 실현을 향해 나아가게 되는 것이다.

이리하여 환희지에 안주할 수 있었던 보살은 이로부터 자리·이타의 두 행(行)을 실천해서 비로자나불의 세계관을 현실에서 실현하겠다는 큰 결의로써 다음과 같은 열 가지 서원을 일으키게 된다.

하나, 자기의 신심(信心)을 정화해 가면서 미래 영원토록 모든 부처님을 예배·공양할 것.

둘, 모든 부처님에 의해 설해진 진리를 미래 영원토록 지켜 갈 것.

셋, 모든 세계에서 미래 영원토록 보살의 갖가지 생존의 모습을 나타낼 것.

넷, 초지(初地)에서 제10지에 이르는 각 경지의 보살의 도를 있는 그대로 나타내고, 미래 영원토록 끊임없이 보리심을 일으켜 나갈 것.

다섯, 형태가 있는 것·형태가 없는 것·생각이 있는 것·생각이 없는 것·또 태생(胎生)·난생(卵生)·습생(濕生)·화생(化生)—이를 4생이라 하며, 모든 생물을 가리킴—따위의 모든 중생을 가르쳐 인도하고 최고의 지혜에 안주하도록 미래 영원토록 힘쓸 것.

여섯, 모든 세계의 갖가지 상황을 인식하여 미래 영원토록 그 속에 들어갈 것.

일곱, 모든 번뇌를 떠나 청정한 길을 걸어가며, 일체 중생의 소원에 응해 기쁨을 주기 위해서 미래 영원토록 부처님의 국토를 정화해 갈 것.

여덟, 모든 선을 실천하기 위하여, 또 모든 부처님이나 보살들과 항상 만나고 떨어짐이 없기 위하여, 그리고 모든 세계를 편력하기 위하여 미래 영원토록 대승의 세계에 들어갈 것.

아홉, 불퇴전의 보살행을 실천하기 위하여, 또 불법에 의해 결의하기 위하여, 또 곧 번뇌를 제거하기 위하여, 그리고 지혜에 도달하기 위하여 미래 영원토록 모든 활동을 게을리하지 않을 것.

열, 모든 세계에서 궁극의 깨달음에 도달하기 위하여, 또 온갖 중생의 경계 안에서 열반에 이르기까지의 보살의 생존 과정을 나타내 보이기 위하여, 또 부처님의 위대한 경지·힘·지(智)에 도달하기 위하여, 그리고 모든 중생의 소원에 응해 그때그때에 알맞은 분별과 편안을 나타내기 위하여 미래 영원토록 대지(大智)의 활동을 성취할 것.

이 여러 서원은 다만 편의상 열 가지로 정리한 것일 뿐이다. 보살은 이 열 가지를 비롯하여 그 밖에도 수많은 서원을 세워 그 실현을 위해 정진해 가는 것이다.

이 서원의 특징을 보면 말할 것도 없이 자리행(스스로 궁극의 깨달음을 구해 나가는 실천)과 이타행(사람들을 깨닫게 하는 사회적 실천)이 근본으로 되어 있으며, 더욱이 이 두 가지 실천을 미래 영원에 이르기까지 꿰뚫어 간다는 점이 눈에 띈다. 말을 바꾸면 진리를 실현하고자 하는 끝없는 정신이 보살도를 대표하고 있다고 할 수 있다. 그리고 이러한 자리행·이타행을 실천해 가는 근거가 바로 이 제1지의 초월적 체험에서 포착된 것이다.

경전에서 특히 이 제1지의 특징을 다음의 두 가지 점으로 요약하고 있음은 흥미 깊은 일이다.

그것은 최고의 불지(佛智)를 구해 가는 마음과 모든 사물에 대한 욕구를 버리는 일이다. 이 두 가지 특징은 내면적으로는 연결되어 있다고 볼 수가 있을 것이다. 최고의 지혜를 구해 간다 함은 다른 모든 욕구를 버리는 일이며, 거꾸로 모든 욕구를 버린다는 사실은 최고의 지혜만을 향해 정신을 집중한다는 뜻이 되기 때문이다. 그리고 최고의 지혜란 자리행·이타행을 원만히 성취해 가는 지혜이므로, 자기의 모든 욕구를 버리는 일은 저절로 모든 사람에 대한 자비의 이타행이 되어 나타나게 될 것이다. 이것을 경전에서는 '큰 버림(mahātyāga)'이라고 부르고 있다.

버림(捨)의 정신은 불교 전체를 통해서 볼 때, 또한 극히 특징 있는 관념이라고 할 수 있다. 버림이란 일체를 버리는 것, 일체를 포기하는 것이다. 그리하여 시원스런 마음이 되는 일이다. 이 시원스런 마음, 이것은 보살의 정신 상태를 잘 나타내고 있다고 생각한다. 아무것에도 집착하지 않고 아무것에도 구애받지 않음으로써 끝없이 나아가 마지않는 일은 말하자면 보살행으로서의 공(空)의 실천이 되는 까닭이다.

독일의 종교학자 하일러는 일찍부터 불교의 버림(捨)의 정신에 주목하였다. 버림은 옛날부터 자(慈)·비(悲)·희(喜)·사(捨)라 하여 사무량심[6)의 하나로 쳐서, 그 경우에는 upekkhā, upekṣā라는 말이 사용되었다. 하일러는 이 버림을 독일의 신비주

의자 에크하르트의 이탈(離脫, Abgeschiedenheit)과 비교하여 높이 평가한다. 에크하르트는

"나는 모든 자애 이상으로 이탈을 찬양한다. 이탈은 순수한 무(無)요, 신이 자기 의지에 따라 우리를 지배하는 최고의 상태이다."

라고 말했다.

또 하일러는 불교의 사무량심(捨無量心)이 자·비·희의 세 가지 무량심보다 높은 위치에 설정되고 있음을 주목했다. 즉 사(버림)는 네 가지 무량심 중의 최고의 상태여서, 에크하르트의 이탈과 같은 위치에 놓여 있다는 주장이다. 이것은 인간의 정신이 최고도에 달하면 동서의 사상이 기약하지 않은 채 접근하는 한 예증이라 하겠다.

이리하여 보살은 제1 환희지에 안주하여 그 경지에 어울리는 보살의 자격을 성취하는 것이다. 그때 보살 앞에는 무수한 부처님들이 나타난다. 보살은 부처님들께 공양·예배하고 모든 소유물을 바칠 뿐 아니라, 일체의 선행을 궁극의 깨달음을 위해 회향(廻向)하는 것이다.

무수한 부처님들이 보살 앞에 나타나는 것은 제1지에서만 그런 것은 아니다. 제2지 이상에서도 그 경지가 완성되는 단계에

---

6) 부처나 보살이 중생을 제도하고자 하는 네 가지 근본 정신. 자·비·희·사.

이르러서는 반드시 부처님들이 나타나는 것으로 되어 있다. 그리고 보살은 그때마다 부처님들을 예배·공양하고 다시 일체의 선행을 궁극의 깨달음을 향해 회향하는 것이다.

예배·회향은 보살행 정신의 가장 중요한 지주가 된다고 할 수 있을 것이다. 예배는 무수한 부처님들을 예배하는 것이거니와, 그것은 말하자면 끝없는 비로자나불을 무한히 예배해 가는 것이 된다. 또 회향은 모든 선을 궁극의 깨달음에 돌리는 일이다. 비로자나불도 궁극의 깨달음도 하나의 끝없는 세계인 것이며, 모든 생명이 궁극적으로 편안함을 누릴 수 있는 안주처이다. 보살이 이러한 부처님을 무한히 예배하고 이러한 깨달음에 회향하는 것은 어떤 물건이나 사항을 나의 것으로 보류하는 일 없이 온갖 각도로부터 자아 관념을 떠남으로써, 오직 깨달음을 추구하고 모든 사람들을 위해 활동해 마지않음을 뜻하는 일일 터이다. 가장 경건한 것, 속속들이 무아인 것, 그리고 한없는 진리 추구와 사회적 실천의 정신, 그것이 보살의 예배요 회향이라 하겠다.

기초 훈련

제1 환희지를 충분히 완성한 보살은 제2의 경지를 바라고 노력을 계속한다. 그때 보살은 자기 마음을 여러 가지 각도로부터 훈련하는 것이다. 이를테면 정직심(正直心)·유연심(柔軟心)·감능심(堪能心)·적정심(寂靜心)·조복심(調伏心) 따위이다.

먼저 우리의 마음은 정직하지 않으면 안 된다. 이는 너무 평범한 말같이 들릴지 모르나, 도를 탐구하는 생활에서는 극히 중요한 일이 아닐 수 없다. 우리는 무엇이나 정직하게 관찰하고 정직하게 판단하여야 한다. 자기 비위에 맞도록 관찰하고 판단해서는 안 된다. 우리가 이 정직한 마음을 지키지 못한다면 진실의 세계·진실의 도리는 끝내 체득하지 못하고 말 것이다.

그 중에서도 중요한 것은 자기 마음을 정직하게 보는 일이다. 자기 마음처럼 자기에게 가까운 것은 없으려니와 또 이것처럼 스스로 관찰하고 판단하기가 어려운 것도 없다. 자기의 마음이란 깊은 밑바닥에서 포개지고 겹쳐져 있는 까닭에 스스로 마음을 관찰·판단한다는 것은 아주 어려운 일이 아닐 수 없는 것이다.

이렇게 스스로 제 마음을 보기 어렵다면 자기 마음의 모습이 그대로 비치는 거울이 있어야 된다. 그리고 이 거울이야말로 모든 것을 있는 그대로 비추는 해인 삼매의 비로자나불인 것이다. 이에 대해서는 앞에서 상세히 설명한 바 있으므로 여기에서는 생략하겠으나, 우리는 이 거울 속에서 자기의 모습을 정직하게 바라볼 것이 요망된다. 아직 완전히 깨닫지 못했으면서, 극히 사소한 종교적 경험을 가지고 자기는 이미 모든 것을 깨달았다고 착각하는 일이 있어서는 안 된다. 또 자기의 마음은 알고 보면 그 깊은 밑바닥 속에 추하고 더러운 것을 그대로 간직하고 있음에도 불구하고, 표면적인 것만을 보고 내 마음은 청정하다고 생각해서는 안 된다. 우리가 이러한 잘못으로부터 벗어나기 위해서는 지금까지 강조해 온 비로자나불의 세계, 우리 자신과 하나가 되어 있는 우주 자체의 광명을 접하고 그것에 의해 비추어 보는 바가 없어서는 안 된다.

다음의 유연심이라는 것도 매우 소중하다. 그것은 단순히 부드럽다는 것만이 아니라, 완고한 기분을 떠나고 항상 탄력성을 지니고 있어서 모든 것을 포용하는 너그러운 마음을 가리킨다.

일찍이 도겐(道元)은 깨달음을 완성하고자 중국에 건너가 여정(如淨)[7] 선사 밑에서 맹렬한 수련을 쌓은 결과 그 목적을 달성

하고 일본으로 돌아왔다. 그때 어떤 사람이 도겐에게

"당신은 중국에서 무엇을 얻어 가지고 돌아왔는가?"

라고 물었더니, 도겐은 다만 한 마디로

"유연심."

이라고 대답했다는 이야기가 있다. 도겐에게 물은 사람은 무엇인가 크고 높은 뜻을 지닌 대답을 기대한 것이었는지도 모르거니와, 도겐의 대답은 언뜻 듣기에 아주 단순하게 여겨지는 '유연심'이었다. 그러나 이 마음은 단순하게 보일지는 모르되 그렇게 간단한 것이라고는 말할 수 없다. 그것은 대도(大道)를 파헤치는 큰 마음이기 때문이다. 부드럽고 탄력성이 있으며 무엇이나 소화하고 포용하는 제한 없는 마음, 그것이야말로 유연심인 까닭이다.

이 유연심은 앞에서 든 바 있는 정직심과 연결된다. 마음이 정직에 철(徹)해 있지 않다면 유연해지지는 않을 것이며, 또 마음을 유연하게 갖는 일이 우리를 더욱 정직하게 할 것이기 때문이다. 그리고 정직심이나 유연심이나 앞에서 강조한 믿음의 마음, 즉 끝없는 비로자나불의 세계를 한결같이 믿고 따르는 마음과 관련되어 있는 것이다. 『법화경』 속에도

"중생이 이미 신복(信伏)[8]하여 질직(質直)[9]하며 뜻이 유연하다."

---

7) 조동종의 스님. 저서에 『여정선사어록』 2권이 있다.
8) 믿어 복종함. 신복(信服)과 같음.

라는 말이 나오거니와, 신심과 정직심과 유연심은 한 실에 꿰인 구슬일 터이다.

다음의 감능심(堪能心) 또한 앞의 것들과 일련의 관계가 있는 마음의 상태이며, 다시 그것에 적정심(寂靜心)이 이어지고 있다. 감능심은 어떤 일에나 견딜 수 있는 마음, 모든 일에 대해 실행의 가능성을 가지고 있는 마음이다. 그리고 적정심이란 어지러움을 떠나서 항상 고요함을 유지하고 있는 마음의 상태이다. 감능심과 적정심은 전자가 무슨 일이거나 적극적으로 대처해 가는 마음이요, 후자는 소극적으로 어지러움을 피하여 고요히 안정하고 있는 마음이어서 서로 모순되는 듯이도 보이지만 사실은 그렇지 않다. 우리는 언뜻 상반되는 듯이 보이는 이 두 가지 마음을 함께 지닐 수 있도록 훈련하지 않으면 안 된다. 잘 생각해 볼 때 사실은 항상 고요히 안정되어 있는 마음이기에 비로소 어떤 일이거나 대처해 갈 수 있다고 말할 수 있을 것이다. 모든 가능성을 지닌 마음과 안정되어 있는 마음, 이 두 가지 마음의 교차점을 충분히 맛보고 훈련해 가지 않으면 안 된다. 그리고 이 문제는 역시 앞의 정직심 · 유연심과 관계를 맺고 있을 것이다.

그리고 조복심(調伏心)이란 마음의 온갖 결점을 잘 교정 · 통제하고 그 본성(本性)의 마음을 수련하며, 또 그것에 잘 숙련해 가는 일이다. 우리의 마음은 여러 가지 번뇌 때문에 엎어지기도 하고 넘어지기도 하여서 뜻대로 순조롭게는 움직이지 못하는 것

---

9) 정직.

이 예사이다. 따라서 균형 잡히지 못한 마음 구석을 잘 정비하고 결점은 극복해 갈 필요가 있으며, 이런 훈련을 계속함으로써 마음의 본성에 숙련돼 갈 수 있다. 이러한 조복심 역시 앞에 나온 정직심·유연심 따위와 일맥 상통한다고 볼 수가 있겠다.

이상과 같이 살펴볼 때, 우리의 마음은 참으로 단순한 것처럼 보이면서도 사실은 꽤 복잡한 뉘앙스를 지니고 있음을 알게 된다. 여기에 든 정직심·유연심·감능심·적정심·조복심 등은 마음의 한 방향과 관련이 있는 것들이어서 어느 하나라도 빼어 버릴 수는 없다. 그 하나 하나는 마음의 한 방향을 향해 저마다 구실을 다하고 있다고 할 수가 있을 터이다. 그만큼 우리의 마음이란 단순한 듯 보이면서도 복잡하며, 또 복잡한 뉘앙스를 갖고 있는 듯하면서도 잘 훈련해 간다면 극히 단순한 마음의 의거처(依據處)에서 이것들을 통합할 수가 있다.

그런데 제1지를 마친 보살은 이와 같은 훈련을 거듭해 가는 동안에, 제2의 단계인 이구지(離垢地, vimalā–bhūmi)에서 안정하게 된다. 사실은 이 점이 중요한 것이다. 즉 제1지에서 "범부지를 넘어 부처님의 집에 태어난다."고 하는 일찍이 경험한 바 없었던 진리의 체득으로 경천 동지의 환희에 넘쳐 있는 보살에게 그 다음으로 요구되는 훈련이야말로 바로 이 정직심·유연심 등을 익히는 일이었거니와, 여기에 보살행에 대한 주도한 배려가 되어 있는 것으로 안다.

제1지의 보살은 종교적 인격의 극적인 전환에 의해 심리적으로 본다면 흥분의 도가니 속에 있다고 할 수 있겠다. 그것은 고도한 종교적 체험임에는 틀림없으나, 동시에 다른 면에서 볼 때 극히 위험한 상황에 놓여 있다고도 말할 수 있다. 왜냐하면 그런 체험의 찰나에서는 자아가 완전히 사라지는 것과 함께 이성도 상식도 자취 없이 날아가 버려서, 일종의 무법 상태라고도 말할 수 있기 때문이다. 따라서 만약 이 순간 끝없는 비로자나불에게 순종하는 대신 무시 이래의 숙업인 자아 관념이 그 자리를 차지한다고 하면, 필시 빼도 박도 못할 독아론(獨我論)에 떨어지지 않을 수 없을 터이다.

도쿠가와(德川) 시대의 임제선(臨濟禪)[10]의 제일인자 하쿠인(白隱)은 스물 네 살 때 심각한 견성(見性)[11] 체험을 했다. 그 순간에 그는 이제껏 이만한 견성을 체험한 사람은 없었을 것이라는 대만심에 떨어지고 말았다. 정수 노인(正受老人)을 만날 때까지 그는 자기의 잘못을 자각하지 못했던 것이다.

그러기에 제1지의 근본 체험 뒤에는, 앞에 든 것처럼 정신의 흥분을 풀어 주는 갖가지 훈련이 베풀어져야 마땅하다. 그리하여 보살은 온전히 평정한 마음으로 돌아가서 균형 잡힌 마음으로 제1지에 안주할 수 있는 것이다.

그런데 보살은 제2지에서 어떤 훈련에 힘쓰는 것일까?

우리는 여기에서도 또한 제1지에서 제2지로 넘어가는 중대한 전환에 대해 주목하지 않으면 안 된다. 즉 제1지는 보살로서는

---

10) 임제(臨濟 ?~867)가 시작한 선종의 한 파. 임제는 의현(義玄)이라 하며, 황벽(黃檗) 선사의 법을 이어 이를 독특한 종지로 발전시켰다.
11) 선종에서 말하는 '깨달음'. 자기의 본성을 발견한다는 말.

미증유의 체험이었고, 이상적인 인간의 의식 세계를 완전히 초월한 경험이었다. 그 앞에 내다보이는 것이 부처의 세계이든 보살의 본성이든 진리 자체이든, 어쨌든 보살은 현실 세계를 뛰어넘어 버린 것이다. 그러나 만약에 그가 뛰어넘은 채로 그 자리에 머물러 버린다면 어떻게 될까? 말할 것도 없이 그것은 우리의 현실 세계와는 아무런 관계도 없어질 것임에 틀림없겠다. 그렇다고 하면 보살의 종교적 체험이 아무리 깊은 것이었다고 한대도 그대로는 전혀 아무런 뜻이 없는 것이 되어 버릴 터이다.

그래서 제1지에서 이 세계를 넘어 버린 보살은 제2지에서 다시 이 세상에 돌아오게 되는 것이다. 우리는 아무래도 일단 현실을 초월해야 한다. 그러고는 다시 현실로 돌아와야 한다. 초월하지 않은 채 현실에서 산다면 현실 때문에 갈팡질팡 헤매게 된다. 또 초월하고 나서는 현실로 돌아오지 않으면 무의미하다.

제2지에서 현실로 돌아온 보살은 이에 비로소 인간으로서의 기초 훈련을 쌓게 된다. 이 훈련은 바로 인간인 한 누구라도 지켜야 할 기초적인 것에 관한 것들이다. 그가 불교도이건 기독교도이건 이슬람교도이건 또는 무종교자이건 인간인 이상에는 누구라도 이루어야 할 훈련이다. 특히 처음의 네 가지는 가장 기본적인 것이라고 할 수 있겠다. 즉 생물을 상하게 하지 말 것, 도둑질을 하지 말 것, 도리에서 벗어난 성생활을 하지 말 것, 거짓말을 하지 말 것, 이러한 네 항목이다.

첫째의 생물을 상하게 하지 말 것에 대해서는 무기를 버리고 적의를 버릴 것이 요구되고 있다. 그러나 단순히 이와 같이 소극적인 것만은 아니다. 오히려 적극적으로 모든 생명체를 존중하며, 자비심을 가지고 이익과 안락을 주도록 노력해야 되는 것이다.

둘째의 도둑질을 하지 말 것에 관해서는 자기 재산에 만족하여 남의 것을 욕심 내지 말 것이 요망된다. 한 개의 나뭇잎이라도 주지 않는 것은 취하지 말라는 것이다.

셋째의 도에서 벗어난 성생활을 하지 말라는 것에서는 자기 아내에게만 만족할 것이 요구된다. 다른 여인에 대해서는 조금도 욕정을 일으켜서는 안 되며 더구나 성관계를 맺어서는 못쓴다는 것이다.

넷째의 거짓말을 하지 말라는 것에서는 비록 꿈 속에서라도 거짓말을 하지 말라는 것이 강조된다. 항상 진실을 말하고 진실한 마음으로 말하며 때에 따라 적절하게 말하고, 또 말한 대로 실행해야 된다는 것이다.

이상은 인간의 생활 중에서 가장 기본이 되는 도덕이거니와, 이 밖에 다음과 같은 여러 가지 사항이 열거되어 있다. 즉 다섯째로는 간사한 말을 해서 남들 사이를 이간시키는 짓을 하지 말 것. 여섯째, 남의 욕을 하지 말 것. 일곱째, 잘 생각한 다음에 말할 것이며 불필요하게 꾸민 말을 하지 말 것. 여덟째, 탐애(貪愛)의 마음을 일으키지 말 것. 아홉째, 성내는 것을 삼갈 것이며 모든 사람을 사랑하고 불쌍히 여기는 마음을 기를 것. 열째, 바른 견해를 갖추어 바른 도(道)에 안주할 것.

이 열 가지 가르침은 이른바 십선업도(十善業道)라 해서 모두가 인류 생활의 기본이 되는 도덕이다. 일단 인간의 근원적인 의식을 깨어 버리고 현실을 초월했던 보살이 다시 현실로 돌아와 인간으로서의 기초 훈련에 착수한 사실은 참으로 뜻 깊은 일이라 하겠다. 여기서 우리는 보살의 초월적 체험이 초월에 머물지 않고, 도리어 이것을 현실 세계에서 실현하기 위한 준비를 하고 있음을 눈치 챌 수 있을 것이다.

십선업도는 출가자이든 재가자이든 당연히 행하지 않으면 안 될 인간의 보편적 도덕이다. 그리고 보살은 이러한 보편적인 도덕을 훈련함으로써 자기의 보살도(道) 실현을 위한 기초 작업을 하게 된다.

그런데 현실의 세상 사람들은 어떤 상태에 있을까? 그들은 인류의 길을 옳게 걸어가고 있을까? 보살은 세상을 둘러보고 나서 세상 사람들의 현상(現狀)에 대해 깊은 탄식을 내뱉는다.

"사람들은 그릇된 견해에 빠져 있고, 마음씨도 바르지 않으며, 인생의 미로를 헤매고 있다. 우리는 진실의 길·바른 길로 그들을 나아가게 하겠다.

사람들은 서로 화합함이 없이 싸움으로 날을 보내서 항상 노여움이나 원망으로 가득 차 있다. 우리는 큰 자비심을 그들에게 가르쳐 주겠다.

사람들은 만족할 줄을 모르고 남이 가진 것을 욕심 내고 있다. 우리는 행동과 말과 마음이 깨끗한 생활로 그들을 인도해 가겠다.

사람들은 탐심·노여움·어리석음의 삼독(三毒)을 갖추고 또 다른 번뇌의 불 때문에 타오르고 있다. 우리는 모든 번뇌의 불을 꺼 줌으로써 편안한 열반의 세계에 그들을 안정시키겠다.

사람들은 지혜의 눈이 감겨서 무지와 어둠에 싸여 있다. 우리는 그들의 눈에 빛을 주겠다.

사람들은 악마의 그물에 걸려서 악마의 숲에 이끌려 들어가고, 지옥·아귀·축생 따위 윤회(輪廻)[12]의 세계를 헤매고 있다. 우리는 그 윤회로부터 그들을 벗어나게 하여 편안한 지혜의 경지에 안주케 하겠다.

사람들은 괴로움이나 근심이 많고 노여움이나 애욕에 얽매였으며 미혹의 옥에 갇혀 있다. 우리는 미혹으로부터 그들을 끌어내서 열반에 안정토록 해주겠다."

(十地品·離垢地)

세상 사람들은 탐심·노여움·어리석음의 삼독에 얽매여 서로 다투고 윤회의 흐름 속에서 방황하며 미혹의 밑바닥에 가라앉아 있다. 보살이 어찌 이 사람들을 외면할 수 있을까? 이 많은 사람들을 제쳐 두고 자기 혼자 깨달음을 구한다고 해서 대체 그것이 어떤 뜻을 지닐 수 있을까? 모든 사람들이 다 함께 지혜의 세계에 눈떠 갈 때 비로소 보살행은 그 뜻을 지니고 목표를 향해 나아갈 수가 있게 되는 것이다.

보살은 사람들의 미혹의 실정을 보고 반드시 그 미혹으로부터

---

12) 생사를 자꾸 거듭하는 것.

깨닫게 하겠다고 다짐하며 활동을 개시하는 것이다. 그때 돌연히 무수한 부처님들이 그 앞에 나타난다. 보살은 깊은 존경의 마음으로 부처님들을 예배·공양하고 모든 것을 바친다. 그리고 그는 이제껏 행해 온 바 모든 선을 기울여서 궁극의 깨달음을 향해 회향하는 것이다.

그러면 여기서 제2지의 보살에 관한 중요한 의미를 요약해 보자.

첫째로는 초월적 체험을 충족시킨 보살이 다시 현실 세계로 돌아와 인류 생활에서의 기초 훈련을 시작한 것, 둘째로는 모든 사람들의 실정을 보고 반드시 이 사람들을 깨닫게 하겠다고 결심하여 그 활동에 들어간 것, 셋째로는 이때 무수한 부처님들이 나타나기에 보살은 이를 예배·공양하고 또 모든 선을 궁극의 깨달음을 위해 회향한 것 등으로 간추릴 수 있다. 첫째와 둘째는 말할 것도 없이 자리행과 이타행이다. 스스로 보살행의 완성을 추구하는 한편, 사람들로 하여금 미혹으로부터 깨닫게 하고 있는 것이다. 그리고 셋째 것은 이런 자리·이타 보살행의 배경에 있으면서 그 보살행을 완성시키는 근본적인 동력이라고 할 수 있겠다. 모든 부처님들이란 통합하면 비로자나불을 말함이요, 보살행의 원천을 뜻하는 것이다. 보살은 끝없는 배경의 부처님들을 예배하면서 보살행의 완성을 서두르는 것이다.

지혜의 광채

　제2 이구지를 마친 보살은 다음 경지를 향해 나아가는데, 거기에서는 다음과 같은 훈련을 하게 된다. 그것은 청정심·부동심·이욕심(離慾心)·불퇴심(不退心)·견고심 등에 관계되는 훈련이다. 제1지를 거친 보살이 제2지를 향할 때, 여러 각도로부터 마음의 훈련을 쌓았거니와 거기에는 한 방향이 보였다. 그런데 이제 제2지에서 제3지로 향하는 경우에도 앞의 것과는 다르기는 해도 역시 하나의 방향이 보이는 듯하다. 더욱이 전자의 경우에는 제1 환희지라고 하는 심리 상태의 격렬한 흥분에 응해서 훈련의 방향이 정해졌던 것이지만, 이 경우에는 보살의 기초 훈련에 입각하여 보살행의 완성을 향해 행동을 개시하는 상황에 응해서 훈련의 방향이 배려되고 있는 듯하다.

　청정심·이욕심은 온갖 애욕을 떠나 마음이 청정해질 것을 지향한 것이다. 부동심 · 불퇴심 · 견고심은 어떤 사태를 만나서도 동요되지 않는 마음, 결코 물러섬이 없는 마음, 목적을 견지하여 중도에서 좌절하지 않는 마음이다. 전자를 청정심으로 후자를 부동심으로 대표시킬 수 있을 듯하다.

이렇게 생각하면 제2지에서 제3지로 향하는 보살은 제2지의 기초 훈련에 의해 차차 청정해진 마음을 다시 한층 굳세게 견지함으로써, 스스로도 궁극의 깨달음으로 향하는 동시에(자리행) 다른 사람도 깨닫게 하려는 보살행(이타행)을 불퇴전의 결의 속에 새로이 하여 실천해 가는 것이라고 하겠다.

이렇게 해서 보살은 제3 발광지(發光地 ; prabhākari－bhūmi)에 도달하게 되는 것이다.

그러면 이 경지에서는 어떤 훈련이 요구될까?

보살은 여기서 세계의 실상(實相)을 있는 그대로 관찰하게 된다. 즉 일체가 무상(無常)이며 고(苦)이며 부정(不淨)이다. 또 사람들 상호간에는 진실한 벗도 없고 구해 주는 사람도 없다. 모든 사람들은 근심 · 슬픔 · 고뇌에 싸여 있고, 탐욕 · 노여움 · 어리석음의 삼독에 물들어 있다. 이런 식으로 관찰하는 것이다.

보살은 이런 세계의 실상을 관찰하면 할수록, 어떻게 해서든 사람들을 해탈로 이끌고 싶다는 욕구를 일으키게 된다.

"나는 반드시 이 사람들을 구해 주겠다. 해탈로 향하게 하겠다. 청정하게 하여 주겠다. 기쁘게 하여 주겠다. 열반에 안주하도록 하여 주겠다."

그러면 그런 목적을 달성하기 위해서는 어떤 방법이 있을까? 이와 같이 괴로움과 번민에 빠져 있는 사람들을 구해서 궁극의 안락처인 열반에 들어가게 하기 위해서는 보살은 어떻게 해야 할까? 그는 여기서 스스로 그 방법을 조리를 세워 추구한다. 더욱이 그 방법을 대상적인 방향에서 구하는 것이 아니라, 스스로는 어떻게 해야 할까 하고 내면을 향해 주체적으로 구명하려 드는 것이다.

"우선 그러기 위해서는 번뇌에 싸이지 않은 해탈의 지혜에 스스로 안주하는 도리밖에 없다. 다음으로 그런 해탈의 지혜에 안주하기 위해서는 모든 존재를 있는 그대로 깨닫는 도리밖에 없다. 그리고 모든 존재를 있는 그대로 깨닫기 위해서는 동요하는 일도 없고 생기는 일도 없는 지혜에 도달하는 도리밖에 없다. 다시 그 지혜의 빛은 선정의 경험에 의해 확정된 통각(統覺)으로 이루어지는 관찰(dhyāna - kauśalya - viniścaya - buddhi - pratyavekṣaṇa)에서 얻는 수밖에 없다. 그리고 이 관찰을 바르게 하려면 불법을 잘 듣는 도리밖에 없다." (十地品 · 發光地)

여기서 보살이 추구한 것을 보면, 요컨대 그것은

"남을 구하기 위해서는 먼저 자기를 구명하여 스스로 해탈의 지혜에 철저하라."

는 말이 될 것이다. 그리고 해탈의 지혜에 철저하기 위해서는 앞에 열거된 인용문을 거꾸로 더듬어 가야 한다. 즉 첫째로는 불법을 잘 들을 것, 둘째로는 선정에 의한 관찰, 셋째로는 지혜의 빛, 넷째로는 모든 존재를 있는 그대로 통찰할 것, 그리고 마지막으로 해탈의 지혜에 안주하는 일이다.

그런데 이미 제1지에서 보살은 범부지를 넘어 부처님의 집에 태어난다는 초월적 체험을 거친 바 있다. 얼른 보기에 그것은 여기서 말하는 해탈의 지혜인 것처럼 보인다. 그러나 사실은 그렇지 않다.

제1지의 초월적 체험은 체험 그것, 해탈 자체에 그친다. 체험에 의해 확실히 초월하기는 했지만 그 경지에는 아직 눈도 코도 입도 생기지 않았다. 지혜의 광명이 개발되고 그것에 의거한 세계관이 펼쳐지기 위해서는 제1지 이후의 훈련이 계속되어야 한다. 여기서 문제되는 것은 바로 이 점이다. 보살은 보살의 정신에서 사람들의 고뇌를 구하려다가, 도리어 자기 자신의 지혜 개발에 착안하지 않을 수 없었던 것이다.

'번뇌에 가려지지 않은 해탈의 지혜에 안주하는 것', 그것이 이 시점에서 보살행의 기본이 된다. 그리고 이 지혜에 안주하기 위해서 보살은 앞에 든 것과 같은 주체적 추구를 시도했던 것이다. 그 결과 출발점이 되는 것은 불법(진리)을 잘 듣고 잘 지켜나가는 일이다.

첫째의 불법을 잘 듣는 문제부터 하나씩 살펴보자.

"보살은 더욱더욱 불법을 구해 마지않는다. 낮이나 밤이나 가르침 듣기를 바라고, 싫증냄이 없이 불법을 구하여 게으름이 없다. 그는 진리를 기뻐하고 진리를 즐기고 진리에 의거하고 진리를 따르고 진리에 열중하고 진리를 지키고 진리를 실천하는 것이다."

(十地品 · 發光地)

"보살은 아직 들은 바 없는 부처님의 말씀을 들으면 기뻐하지만, 비록 삼천 대천 세계에 가득 찬 보배를 얻어도 좋아하지 않는다. 또 부처님에 의해 설해진 한 게(偈)[13]라도 들으면 기뻐하지만, 비록 왕위를 얻는대도 기뻐하지 않는다. 어떤 사람이 보살을 향해

'만약 당신이 타오르는 불 속에 몸을 던져 그 고통을 받겠다면, 나는 부처님이 설하신 보살행의 말씀을 들려 주겠다.'
고 말하면 보살은 마음속으로

'나는 부처님이 보살행에 대해 설하신 한 마디 말씀을 듣기 위해서라면 비록 삼천 대천 세계에 가득 타오르는 불에라도 뛰어들어 그 고통을 참아 내겠다.'
라고 생각한다."

(同上)

보살은 이렇게 불법을 열심히 듣고 또 잘 지켜 나간다. 밤낮 없이 진리를 구하여 싫증낼 줄을 모르는 것이다. 그러므로 부처

---

13) 경에 나오는 시. 지금껏 설한 것을 요약한 것도 있고, 처음부터 새로운 사실에 대해 노래하는 경우도 있다. 게송.

님이 설하신 말씀이라면 갖은 어려움을 무릅쓰고 이를 들으려 한다. 그리고 한 번 마음에 기억한 가르침은 또한 어떤 어려움이라도 헤쳐 나가면서 이를 체득하여 실행하려 한다. 이것이 설법을 듣는 이가 지녀야 할 마땅한 태도가 아닐까? 이런 보살은 설법 듣는 이가 가져야 할 태도를 전형적으로 나타내고 있다고 생각된다.

정토종에서는 문법(聞法)이니 문신(聞信)이니 하는 일이 강조되고 있다. 문법은 온 몸으로 법(부처님의 가르침)을 듣는 것이요, 문신이란 들은 그대로를 온 몸으로 긍정한다는 뜻이리라. 듣는다는 것은 그리 쉬운 일이 아니다. 그것은 귀를 통해 듣는다는 사실에 얽매여서 자칫하면 안이하게 이해되고, 따라서 오해되는 경향이 짙다. 부처님의 가르침을 듣는다고 할 때는 그 음성이 골수에 배어 오는 데가 없어서는 안 된다. 귀뿐이 아니라 몸이 듣고 몸이 긍정하는 점이 없어서는 안 된다. 그러기 위해서는 이 보살처럼 낮이나 밤이나 그 음성과 그 가르침과 그 진리를 기뻐하고 즐거워하며, 그것에 말미암고 안주하고 열중하지 않으면 안 된다. 그런 노력을 지속할 때에 그 가르침이 차차 귀뿐 아니라 온 몸에 들려 오는 것이다. 큰 믿음은 큰 수행에서 나오고, 큰 수행은 큰 믿음에서 나온다고 하겠다.

그리고 둘째로는 선정에 의한 관찰에 관한 문제이다. 첫째의 문법(聞法)이 차차 철저해져서 몸으로 법을 듣게 될 때 우리는 다시 한 걸음 나아가서 온 몸과 마음을 통일해 가는 선정(禪定)을 훈련해야 된다. 선정에 의해 우리는 눈에 안 보이는 진리, 형태 없는 부처님, 소리없는 불법을 온 몸과 마음으로 받아들일 수 있게 되기 때문이다. 그러나 그 전제로서 경전이 문법을 제시한 일은 뜻 깊은 바가 있다. 문법이 없고서는 우리의 선정은 어느 방향을 향해 나아가게 될지 전혀 예측할 수 없는 까닭이다. 어쩌면 큰 아만(我慢)[14], 독아주의(獨我主義)에 빠질지도 모른다. 어쩌면 절대적인 허무주의에 떨어질 위험도 없지 않을 것이다. 그런 함정으로부터 몸을 지키기 위해서는 앞서 부처님의 바른 가르침을 온몸으로 받아들이는 바가 있어야 할 터이다.

어쨌든 문법은 선정에 의해 더욱 깊게 그 진리가 몸에 배어들게 된다. 선정은 말할 것도 없이 마음의 훈련에 그치는 것이 아니어서, 거기에는 몸의 단련도 따른다. 또는 오히려 마음과 몸, 몸과 함께 마음이라는 신심 일여(身心一如)의 종교적 수련이라고도 할 수 있겠다.

경전은 이 선정에 대해 다음과 같은 몇 가지 단계를 설정한다. 즉 제1·제2·제3·제4의 선정에서 공무변처(空無邊處)·식무변처(識無邊處)·무소유처(無所有處)·비상비비상처(非想非非想處)에 이른다고 본 것이다. 이런 단계 설정은 원시 경전에도 나타나 있는데, 이것이 부파 불교(部派佛敎)[15]를 거쳐 대승 불교에 전승된 것이라 여겨진다.

제1 선정에서는 온갖 번뇌를 떠나고는 있으나 사고력은 아직

14) 스스로 높은 체하는 교만.
15) 아소카 왕 시대에 상좌부(上座部)·대중부(大衆部)로 양분된 불교가 여러 갈래로 분립되어 간 것. 통설에 의하면 열 여덟 파가 생겼다 한다. 이런 분파 작용은 기원 전 100년경까지 계속한 것 같다. 이것들은 모두 소승에 속한다.

도 남아 있으며, 선정에서 오는 기쁨과 즐거움으로 충만되어 있다.

제2 선정에서는 그것이 더욱 깊어져서 사고력마저 떨어져 나가고 다만 기쁨과 즐거움만이 남아 있다.

제3 선정에서는 그것이 더욱 심화된 결과 기쁨이 없어지고 즐거움만이 남아 있다.

제4 선정에서는 그 즐거움조차 사라져 버린다. 즉 이 선정에서는 괴로움이라든지 즐거움이라든지 기쁨이라든지 근심이라든지 하는 감정이 완전히 소멸되는 반면, 오직 일체를 버린다는 사(捨 : 무집착)의 관념에 의해 한결같이 청정해지는 것이다.

다음의 공무변처는 형상의 관념을 초월해 버렸으므로 세계는 마치 허공처럼 무변할 뿐이라는 것이다. 처(處)란 그러한 경지를 가리키는 말이다.

이것이 다시 심화되면 세계는 오직 식(識)[16]뿐이며 가(邊)가 없다는 식무변처에 들어가게 된다.

그리고 이 선정이 더욱 깊어지면 이미 아무것도 있지 않다는 무소유처에 들어간다. 그리고 마지막으로 생각하는 것도 아니고 생각하지 않는 것도 아니라는 비상비비상처에 도달하게 되는 것이다.

이상의 선정의 과정은 일단 이런 방식을 세워서 관찰할 수 있다는 것이며, 어느 때의 어떠한 선정이라도 꼭 이런 단계를 밟아

---

16) 마음의 작용.

야 한다는 것은 아니다. 사람이나 때에 따라서는 한걸음에 제4 선정으로 비약한다든지, 또는 마지막 단계인 비상비비상처에 들어간다든지 하는 일도 생길 수 있을 것이다. 그런가 하면 아무리 애써도 제1 선정에조차 들어가지 못하는 일도 생길 것이다. 따라서 실제로는 이 방식대로 선정이 진행되는 경우는 도리어 매우 드물지도 모른다. 그러나 이 단계를 보면 선정에 의해 심신이 통일되어 가는 구체적 경로가 이해된다. 선정이 깊어짐으로써 심신이 어떻게 변화하는지를 잘 나타내고 있다고 생각되는 것이다.

그런데 이런 선정을 훈련해 감으로써 우리의 근원적인 마음의 작용, 바꾸어 말하면 통각(統覺 ; buddhi)이 충분히 길러지고 강력해지며 아울러 결정적인 힘을 갖게 된다. 그리하여 보살은 이 통각에 의거해서 세계의 관찰을 시작하는 것이다. 이것이 경전에서 말한 '선정의 경험에 의해 확정된 통각으로 이루어지는 관찰'이라는 것이다. 여기까지 오면 보살의 인격적 주체는 꽤 확정적이고 견고한 것이 된다.

그리고 셋째로는 이제까지의 선정에 의한 관찰에 입각하여 차차 보살 자신의 인격적 주체로부터 지혜의 빛이 나타난다. 즉 사물을 통찰할 수 있는 힘이 생긴다.

이 지혜의 빛에 의해 넷째로는 모든 존재의 있는 그대로의 모습을 알게 된다. 이를테면 애욕에 잠겨 있는 이를 대할 때는 애욕 그대로의 모습으로 파악하며, 애욕을 떠난 이에 대해서는 애욕을 떠난 그 상태대로 인식한다. 또 죽어 가는 이, 태어나는 이,

좋은 세계로 가는 이, 나쁜 세상으로 가는 이 따위에서 모든 것을 있는 그대로 이해하는 것이다. 이리하여 드디어 보살은 해탈의 지혜에 안주하게 된다.

이 제3의 발광지(發光地)는 이와 같이 제2지로부터의 보살행을 거듭하는 중에 그 행이 보살 자신의 몸에 배게 되고, 자기 속에서 지혜의 광명이 생겨 나오는 경지인 것이다.

이렇게 살펴보면 보살행이 어느 방향으로 나가야 되느냐 하는 점이 점차 명백해지는 것 같다. 제1지의 근본적인 종교 체험은 보살행의 출발점이라는 점에서 매우 중요한 뜻을 지니거니와, 다만 이 체험 자체만으로서는 이렇다 저렇다 할 계제가 되지 못한다. 이 격렬한 흥분의 도가니를 가라앉히기 위해서 유연심·적정심이 필요했던 이유가 여기에 있다. 그리고 초월적 체험을 한 마음을 진정 대지에 뿌리 박게 하기 위해서 인류 생활의 기초 훈련이 시작된 것이다.

보살은 제2지에서 번뇌의 더러움으로부터 떠나 청정한 마음이 되고, 다시 무엇에나 동요하지 않고 도중에서 좌절하지 않는 부동·불퇴의 결의를 함으로써 제3지에 도달한 것이다. 그리고 그는 괴로워하는 사람들을 구하려 하다가 도리어 아직도 자기에게 부족한 점이 남아 있음을 깨닫게 되며, 이에 문법·선정·지혜를 훈련해 가는 것에 의해 해탈의 지혜에 안주할 수 있게 된 것이다.

한편 이 제3 발광지에서도 제2지의 경우처럼 무수한 부처님들이 보살 앞에 나타나며, 이에 보살은 부처님들을 공양·예배하고 다시 또 궁극의 깨달음을 향해 모든 선을 회향하게 된다. 제1지에서나 제2지에서나 사(捨)의 실천이 강조되고 있거니와, 보살 자신의 일체의 선행을 기울여 궁극의 깨달음에 회향한다는 것은 사의 최고도의 관념을 나타내는 것이 될 터이다. 사는 어떤 것에나 집착함이 없이 일체를 포기하는 일이며, 그 정신을 충족시키기 위해서는 일체를 내던져 부처님을 예배하고 모든 선을 궁극의 깨달음으로 회향하지 않으면 안 되는 것이다.

인격의 연마

제3 발광지에서 보살은 이제껏 쌓아 온 훈련이 차차 몸에 배게 되고, 자기 속으로부터 지혜의 광명이 내비치게 된다. 그 지혜의 광명에 의해서 그는 온갖 세계를 관찰하는 것이다. 즉 중생계·자연계·진리의 세계·의식의 세계·욕망의 세계·형상 있는 세계·형상 없는 세계 따위에 대해서이다. 바꾸어 말하면 보살은 온갖 세계를 관찰할 수 있을 정도로 지혜가 갖추어졌고, 또 인간적인 면에서도 폭이 넓어졌다고 할 수 있을 것이다. 이렇게 해서 그는 제4 염혜지(焰慧地 ; arciṣmati-bhūmi)에 들어간다. 염혜지란 제3지에서 생긴 지혜의 빛이 불꽃처럼 타오르게 되었다는 뜻이리라.

보살은 제4지에 도달했을 때 다시 자기의 지혜를 한층 연마하고자 새로운 훈련에 착수한다. 이를테면 다음과 같은 사항이 열거되는 것이다. 결코 물러서지 않겠다는 결의, 삼보(불·법·승)에 대한 흔들림 없는 신앙, 모든 것이 생겨나고 멸해 감을 관찰하는 지혜, 업(業)으로 말미암아 존재가 유전(流轉)해 가는 것을 관찰하는 지혜, 윤회와 열반을 관찰하는 지혜 따위이다.

이런 항목들을 보면 여기에는 두 개의 큰 주제가 포함되어 있는 것 같다. 즉 그것은 열반과 윤회이다. 한편으로는 열반을 향해 더욱 깊이 신앙과 실천을 발전시키고, 또 다른 한편으로는 윤회의 실상(實相)을 어디까지나 있는 그대로 응시코자 하는 태도가 엿보인다.

대승의 보살도를 나타낸 말에 "생사에 주(住)하지 않고 열반에 주하지 않는다."는 것이 있다. 생사에 주하지 않는다는 것은 생사의 미혹에 빠지는 일 없이 반드시 지혜의 눈을 뜨고 있다는 뜻이다. 열반에 주저앉지 않고 항상 생사 속에 있으면서 활동을 계속한다는 뜻을 나타낸다. 즉 "생사에 주하지 않고 열반에 주하지 않는다."는 것은 미혹의 세계에서 활동하면서도 마음은 조금도 미혹하지 않아서 열반의 고요함을 찬미하고 있다는 뜻일 것이다.

제4지의 보살은 이러한 보살도의 차원을 향해 나아가는 것이라 할 수 있다. 이렇게 하여 열반과 생사의 관찰에 눈을 돌리게 된 보살은 부처님의 집 속에서 더욱더욱 보람찬 성장을 이루는 셈이 된다. 제1지에서 범부지를 넘어 부처님의 집에 태어났고, 제2지에서는 현실 세계로 돌아와 인류 생활의 기초 훈련을 시작했거니와, 당연한 일이긴 하지만 결코 부처님에게서 떠난 것은 아니다. 부처님의 집은 끝없이 넓고 끝없이 크다. 일단 깨달아 부처님의 집에 태어난 보살은 부딪치는 것, 행하는 것, 어느 것이나 다 부처님의 집 아님이 없다. 오로지 제1지에서 제2지로, 제3지에서 제4지로 나아감에 따라 부처님의 집에 대한 자각은 더욱더욱 보살의 인격 속에 깊이 파고드는 것이다.

보살은 이 경지에서 더욱더 자기의 인격을 연마해 간다. 이를테면 신(信)·근(勤)·염(念)·정(定)·혜(慧)의 다섯 가지 힘(五力)을 기른다. 신(믿음)은 이 책의 첫머리에서부터 보살의 출발점이라 하여 중요시되어 왔던 것이다. 그 신의 힘을 더욱 신장시키는 것이다. 근은 노력 정진하여 게으름이 없음을 가리킨다. 이것 또한 앞에서 지적한 바와 같이 비로자나불 세계의 화룡점정(畵龍點睛) 구실을 하는 것이다. 보살은 노력 정진에 항상 유의하지 않으면 안 된다. 염은 마음에 깊이 생각하여 잊지 않음을 뜻한다. 그 염의 힘을 길러 가는 것이다. 염해야 할 것도 여러 가지겠으나 부처님을 염하는 것이 가장 중요하리라. 이른바 염불 삼매이며 여기서는 비로자나불을 염하는 일이다. 보살은 부처님을 염하는 것에 의해 무시 이래(무한의 과거로부터)의 뿌리 깊은 숙업(宿業)을 씻어 갈 수 있다. 정과 혜는 말할 것도 없이 선정·지혜의 뜻이며, 이것 또한 이 책이 처음부터 강조해 온 사항이다.

이렇게 생각해 보면 신·근·염·정·혜는 자기의 인격을 연마해 가는 보살행 중 가장 기본적인 것이요, 여기서는 이 기본적인 행(行)을 지속하는 일이 중요한 지표가 되어 있음을 알게 된다.

또 보살은 이런 수련과 아울러 원시 경전 이래 강조되어 온 팔정도(八正道)를 닦는다. 팔정도는 정견(正見)·정사유(正思惟)·정어(正語)·정업(正業)·정명(正命)·정정진(正精進)·정념(正念)·정정(正定)이다. 바꾸어 말하면 바른 견해·바른 생각·바른 말·바른 행동·바른 생활·바른 노력·바른 사념·바른 선정이다. 이 팔정도를 앞의 오력(五力)과 비교해 보면 서로 중복되는 것도 있다. 오력 중의 근·염·정·혜는 팔정도의 정정진·정념·정정·정견에 해당한다. 다만 오력의 신(信) 대신 팔정도에서는 정사유·정어·정업·정명을 든다. 정사유·정어·정명이란 이른 바 신(身)·구(口)·의(意)의 삼업(三業; 몸으로 하는 행위·입으로 말하는 것·마음에서 생각하는 일)을 바르게 해 나가는 일이요, 여기에 넓은 뜻에서의 정명이 덧붙은 것이다.

이렇게 볼 때 팔정도는 오력보다도 더 구체적으로 생활을 규정한 것이라고 할 수 있겠다.

다시 또 여기에서는 먼저 제1지에서 제2지에 걸쳐 배려되어 있던 바 정직심·유연심·적정심·조복심 따위가 이 제4 염혜지에서도 마찬가지로 지켜지게 된다.

이리하여 제4지의 보살은 자기 인격의 연마에 철저한 노력을 기울이는 것이다. 그것은 제3 발광지의 연속이며 다시 그 심화라고 할 수 있을 것이다. 제3 발광지에서 보살행이 보살 자신의 몸에 배고 그 내부로부터 지혜의 빛이 나오게 되었다고 하면, 제

4 염혜지에서는 그 빛이 더욱 빛나서 불꽃처럼 타오르고 있는 것이다. 그 결과 이 경지의 보살은 의혹이 뿌리째 뽑히고 또 자아 의식에서 나오는 관념들로부터도 차차 떠나게 된다.

마지막으로 보살이 여러 부처님들을 예배·공양하여 모든 것을 바치고, 또 궁극의 깨달음을 향해 일체의 선을 회향하는 것은 앞에서의 경우와 같다. 여기에 미래에서의 끝없는 보살행의 실천이 약속되고 있는 것이겠다.

사회 활동

제4 염혜지에서 철저히 인격을 연마한 보살은 이윽고 다음 경지를 향해 나아가기 위해서 자기의 세계관과 실천을 정리하게 된다. 이를테면 과거 · 현재 · 미래의 불법에 대하여 청정한 마음으로 평등하게 대처하는 따위이다. 또 마음속에서 일어나는 의혹이나 자아적인 견해를 제거할 때도 청정한 기분으로 평등하게 실행한다. 다시 깨달음을 추구해 올라갈 때도 청정한 마음으로 평등하게 실천한다. 모든 중생을 가르치고 바른 길로 이끌 때도 청정한 마음으로 평등하게 실행해 나가는 것이다.

말하자면 여기서는 청정한 마음으로 평등하게 실천한다는 일이 보살의 마음가짐이 되어 있다. 이것은 간단한 듯이 보이지만, 씹을수록 맛이 깊다고 하겠다. 왜냐하면 제1지 이래 보살도를 닦아 온 그는 제5지에 이르러서야 비로소 보살도에 숙련될 수 있는 것처럼 생각되기 때문이다. 즉 제1지의 초월적 체험에서 자리·이타의 실천 근거는 획득했지만 아직 자기의 인격 형성이 충분하지 못했던 까닭에 제2·제3·제4지에서는 주로 인격의 연마라는 자리행에 시일을 보낸 바 있다. 그러나 그 사이라고 해서 보살의 마음이 중생에 대한 관심(이타)을 떠났던 것은 물론 아니다. 그런데 제4지까지 일단 인격의 연마를 철저히 행한 바 있으므로, 그는 다음 단계인 제5지에 이르러 겨우 인격의 연마(청정심)와 중생에 대한 관심(평등심)을 아울러 실행에 옮길 여유가 생긴 것이다. 그것이 여기 나오는

   "청정한 마음으로 평등하게 실천한다."

는 말에 나타난 뜻이라고 생각된다.

   이렇게 해서 보살은 제5 난승지(難勝地 ; sudurjayā-bhūmi)에 도달하게 된다. 난승지란 일단 이 경지에 이르면 무엇에도 좌절되는 일이 없다는 뜻이다. 여기에서 보살은 깨달음을 향해 철저히 수행하여 사물의 있는 그대로의 모습(tathatā)를 이해하는 동시에, 다른 한편으로는 제1지에서 세운 바 보살로서의 서원을 잘 견지하여 자비의 마음으로 모든 사람들을 대하게 되는 것이다.

   보살은 먼저 이 경지에서 고(苦)·집(集)·멸(滅)·도(道)의 사성제(四聖諦)를 있는 그대로 인식하게 된다. 이 사성제는 원시 경전 이래의 가르침이다. 고제(苦諦)는 이 세상은 괴로움 그

것이라는 진리, 집제는 괴로움의 원리는 번뇌에 있다는 진리, 멸제는 그 번뇌가 소멸한 열반이라는 진리, 도제는 열반에 이르는 도(道)의 진리로 곧 제4 염혜지에서 말한 팔정도를 일컫는다. 보살은 이 네 가지 진리를 충분히 인식하는 것이다.

이 사성제 중 고제와 집제는 처음부터 현실 세계의 상황과 관련되어 있다. 그러므로 보살은 세계가 어떤 요소로 성립되었는가를 잘 관찰한다. 이것도 원시 경전 이래 설해 내려온 것이거니와, 오온(五蘊)[17]·십이처(十二處)[18]·십팔계(十八界)[19]에 대한 인식을 깊이 하게 된다.

그런데 보살은 이렇게 인식을 깊이 하면 할수록 이 현실 세계란 헛되고 덧없으며, 더욱이 어리석은 사람들을 속이고 미혹하게 만든다는 점을 알게 된다. 여기에서 보살은 중생에 대한 대비(大悲 ; 큰 연민)의 마음이 싹튼다. 앞의 경지에서는 대지(大智)의 광명이 생겼거니와, 이 경지에서는 대지와 함께 대비의 광명이 보살의 마음에 생기게 된다.

보살이 대비의 광명에 의해 세계를 관찰할 때, 사람들의 있는 그대로의 모습이 보살의 마음에 비치는 것이다. 즉 모든 사람들

---

17) 생멸·변화하는 모든 존재를 다섯 종으로 구별한 것. ① 색(色)—형태 있는 것. ② 수(受)—괴로움·즐거움 따위를 느끼는 감수 작용. ③ 상(想)—표상(表象) 작용. ④ 행(行)—활동하는 작용. ⑤ 식—의식 작용.
18) 6근과 그 대상인 6경. 6근은 안(眼)·이(耳)·비(鼻)·설(舌)·신(身)·의(意). 6경은 색(色)·성(聲)·향(香)·미(味)·촉(觸)·법(法).
19) 십이처에 6식을 더한 것. 6식이란 6경을 대상으로 보고·듣고·맡고·맛보고·닿고·알고 하는 인식 작용. 6경은 6근의 대상이 되는 경계요, 6식은 그 경계에서 생기는 마음의 작용이다.

은 무지와 애욕 때문에 미혹의 세계를 윤회하지 않는가. 더욱이 육체는 언젠가는 소멸해 버릴 것임에도 불구하고, 그 육체에 대해 조금의 싫증도 내는 일 없이 애착하고 있지 않은가. 또 실제로는 자아를 지니고 있지 않으면서도 자아라는 관념에 집착하고 있는 것도 그들이다. 이리하여 그들은 탐심·노여움·어리석음이라는 삼독의 불꽃을 태우면서 사는 것이다. 이런 상태이므로 그들에게는 의지할 데가 없고 인도해 주는 사람이 없어서, 오직 맹목적으로 괴로워하고 번민하고 근심하고 슬퍼할 따름이다.

그러기에 보살은 어떤 선행을 하는 경우라 해도, 반드시 이런 중생들을 구하고자 하는 동기에서 벗어나는 일이 없다. 그 선행이 모든 사람들에게 이익을 주도록, 또 사람들이 그것으로 말미암아 깨달아 가도록, 아울러 사람들이 그것 때문에 청정해지고 번뇌를 극복하여 드디어는 궁극의 열반에 도달하도록 원하는 것이다.

이와 같이 사람들을 위해 마음을 오로지하여 선을 실천함으로써 보살의 인격은 더욱 연마된다. 이를테면 그의 지혜는 결정적인 것이 된다. 또 경전의 깊은 뜻을 충분히 이해하기에 이른다. 보살의 이런 지혜는 남에게서 배운 것이 아니라 그 자신 속에서 샘솟아 나온 것이기에, 그가 주체적이라는 것은 그 자신이 스스로의 지혜를 따르고 있다는 뜻이 된다. 그리고 이 지혜에 의해 합리적인 것과 불합리한 것, 바른 것과 바르지 않은 것을 판별할 수 있게 된다. 그리하여 그는 윤리 생활의 올바른 실천자가 되는 것이다.

이렇게 해서 보살은 사람들을 위해 좋은 일이라면 무엇이나 행하며, 또 자신은 항상 부처님의 지혜를 신앙하고 그것에 순종함으로써 진리를 추구해 마지않는다. 보살은 이를테면 서(書) · 논(論) · 인(印) · 산술 따위라든지 온갖 병에 대한 치료법, 또는 연극 · 야담 · 음악 따위, 또는 과수원 · 하천 · 제방 같은 것의 설치라든지 금 · 은 · 진주 · 유리 같은 보옥의 감별, 또는 일월성신에 대한 점이라든지 선정이나 신통 따위 요컨대 그것이 남을 위하는 것이 되는 한 무엇이나 행한다. 우리는 여기에서 세상 일에 대해 차별이 없는 보살 정신의 너그러운 포용력을 발견할 수 있다. 사실 이런 커다란 포용력이 없다면 중생을 위해 오로지 실천하고자 하는 보살의 정신도 실현할 길이 막연해지고 말 것이다.

제5 난승지의 보살 또한 무수한 부처님들을 예배 · 공양하고, 또 궁극의 깨달음을 향해 자기의 모든 선행을 회향하는 점에서는 이전의 단계에서와 같다.

공(空)의 철저화

제5 난승지를 마친 보살은 다음 경지를 향해 나아가게 되거니와, 그때 보살은 평등관(平等觀)에 철저해지려고 한다.

이를테면 모든 존재는 실체(實體)가 없고 형태가 없으며 또 일찍이 생긴 적도 없다고 하는 평등관, 그리고 모든 존재는 본래부터 적정(寂靜)·청정하며 마치 환상이나 꿈이나 또는 거울 속의 그림자나 물 속의 달과 같아서 단순히 나타나 있는 것에 불과하다는 평등관, 보살은 이런 평등관을 깊이 파고들려고 하는 것이다.

이것은 제5지를 마친 보살에게 중대한 뜻을 지닌다. 왜냐하면 제5지의 보살은 자기의 인격이 비로소 성숙해져서 본격적으로 사회 활동을 시작하려는 시기에 있기 때문이다.

사회 활동의 직접적 대상이 되는 것은 말할 것도 없이 일체 중

생이다. 중생에 대해 보살이 활동할 때 보살의 태도로서 중요한 일은 제4지에서 말한 바,

"생사에 주(住)하지 않고 열반에 주하지 않는다."

는 태도일 것이다. 바꾸어 말하면 사회 생활에 작용하기 위해서는 그 사회 생활에 빠지는 일 없이 스스로도 항상 열반을 추구하고 다른 사람들도 열반을 향해 나아가게 한다는 마음가짐이 절실히 요구되는 것이다. 그러기 위해서는 앞에서 말한 것과 같이 모든 사태에 대해 그것들이 본래부터 적정하다는 평등관에 철저히 들어가는 일이 극히 중요한 수련의 항목이 되지 않을 수 없다. 그것에 의해 보살은 사회 생활의 어떤 일에건 빠진다든지 집착한다든지 하는 일 없이 그 활동력을 충분히 발휘할 수 있게 될 터이다.

이리하여 보살은 제6 현전지(現前地, abhimukhī-bhūmi)에 도달한다. 이때의 보살의 특징은 지금까지의 설명으로도 추측되듯이 스스로의 지혜와 자비의 광명에 의해 모든 것을 충분히 관찰하고 더욱 있는 그대로의 모습(實相)에 솔직하게 순종한다는 사실이다. 그러나 경전에 의하면 이 단계의 보살은 아직도 무생 법인(無生法忍, anutpattikadharma-kṣānti)에는 도달해 있지 못하다고 한다. 무생 법인이란 모든 존재는 생기는 일도 멸하는 일도 없다는 실상(實相)을 체득하여 결코 거기에서 물러섬이 없는 경지를 말한다. 이는 깨달음의 결정적인 경지를 가리킨다고 하겠다.

그래서 보살은 대비심을 앞세우고 그 대비심을 성취하기 위해서, 다시 한 걸음 나아가 세상의 상황을 관찰하게 된다. 그 결과 다음과 같은 일들이 판명된다.

"세상의 온갖 미혹의 상태는 모두 아집에서 나온다. 그러므로 아집을 없앤다면 미혹의 상태는 사라진다.

마음이 어리석은 사람은 자아에 집착하고 무지에 가려서 오직 불합리한 사고 방식을 따라 활동해 나간다. 그런 까닭에 그들의 마음은 번뇌에 짓눌려서 미래의 윤회를 불러 오게 되는 것이다.

먼저 그 마음에서 주관·객관이 생기고, 그것에 이어 눈·귀·코·혀·몸(피부)·뜻 같은 여러 감각 기관의 작용이 일어난다. 다시 그것으로부터 대상과의 접촉이 생기고 그로 말미암아 감수(感受) 작용이 나타난다. 감수 작용에서 애욕이 일어나고 그것 때문에 집착이 강해진다.

이렇게 하여 우리의 생존이 영위되고, 색(色)·수(受)·상(想)·행(行)·식(識)의 오온이 발생한다. 이윽고 오온은 쇠미해져서 마침내 소멸한다. 이런 쇠미·소멸로부터 격렬한 고뇌가 일어난다. 그리고 모든 슬픔과 괴로움과 근심이 집중해 생기게 되는 것이다."

(十地品·現前地)

이 글은 말할 것도 없이 십이 인연을 순차적으로 관찰한 것이다. 보살은 세상의 모습을 관찰하다가 마침내 십이 인연관에 도달한 것이다. 이 관찰은 우리의 현실 생활을 세밀하게 분석함으로써 그 근원이 근본 무지(根本無智)[20]에 있으며, 그것으로 말미암아 인생의 연쇄 관계가 이루어지고 있음을 밝히고 있다. 그리고 인생은 모두 마침내 사멸하기 때문에 번민하고 괴로워하고 슬퍼한다는 것을 논한 것이다.

보살은 십이 인연관을 통해 현실 세계의 고뇌 속으로 깊이 파고든다. 그리하여 마침내 그는 다음과 같은 경지에 눈뜨게 된다.

"이 삼계(三界)에 속하는 것들은 모두 이 마음만으로 이루어졌다(cittamātram idaṁ yad idaṁtraidhātukam).

또 여래에 의해 설해진 십이 인연도 모두 이 마음에서 말미암은 것이다."

이 문장에서 특히 앞의 것은 후세에 유명해진 '삼계 유심(三界唯心)'의 근거가 되었다. 한역에서도 여러 가지로 번역되었거니와, 이를테면 그 한 보기로서

"삼계 허망(三界虛妄), 단시일심작(但是一心作)."

이라는 것이 있다.

삼계란 욕계 · 색계 · 무색계로서, 욕계는 욕망의 세계, 색계는

---

20) 진여의 실성(實性)을 알지 못하는 미망의 마음. 근본 무명.

형태의 세계, 무색계는 형태가 없는 세계를 말한다. 요컨대 삼계
란 미혹의 온 세계를 가리킨다. 따라서 미혹의 온 세계는 그대로
가 우리의 마음이라는 것이 이 삼계 유심의 원문이 나타내려는
뜻이다. 마찬가지로 십이 인연 또한 마음에서 말미암는다는 것
이다.

삼계 유심의 마음이란 어떤 마음일까? 그것은 참된 마음(眞
心)일까, 망령된 마음(妄心)일까? 이 문제는 인도와 중국에서
여러 가지 논쟁을 불러 일으킨 바 있거니와, 경문에서는 그런 것
은 별로 문제삼지 않는다. 다만 미혹의 세계 그대로가 이 마음이
라고 주장할 뿐이다. 바꾸어 말하면 온 세계의 모든 존재가 다
이 마음에서 말미암아 생겼다는 사실에 보살은 새삼스레 눈뜨는
것이다.

이것은 보살에게는 하나의 커다란 전환이라고 해야 하리라.
지금까지 보살은 스스로의 종교 체험으로 진리에 눈뜬 이래 인
격의 연마를 거듭해 온 결과 이제 겨우 사회 활동에 착수하였거
니와, 새삼스레 현실 세계의 아집 · 고뇌 · 괴멸(壞滅)의 실상에
눈이 둥그래진 것이다. 그런 상황은 다른 사람들에게서만 발견
되는 것이 아니라 보살 자신의 내면에서도 적잖이 반성되는 점
이 있었을 터이다. 그리고 이런 현실의 모습을 관찰 · 숙고하는
동안에 마침내 그 일체 그대로가 오로지 마음의 세계라는 사실
을 깨달은 것이다. 말하자면 보살이 지금껏 거쳐 온 모든 체험이
그 뿌리로부터 오직 마음 하나에 집약된다고 할 수 있을 것이다.

이리하여 보살은 십이 인연관을 차례대로 관찰해 가는 순관

(順觀)만이 아니라, 그 역관(逆觀)도 또한 관찰하기에 이른다. 역관이란 순서를 거꾸로 하여 보아 가는 것이다. 즉 최초의 근본 무지가 소멸하면 그것에서 말미암은 불합리한 생각에 의해 생기는 활동도 소멸하고, 이런 순서로 나가면 마침내는 오온의 쇠미와 소멸에서 오는 번민 또한 소멸한다. 이리하여 현실 생존의 미혹 자체로부터 벗어날 수 있다는 식으로 관찰하는 것이다.

이렇게 보살은 순관·역관의 십이 인연을 여러 각도에서 관찰·검토해 가는 중에 '삼계 유심'의 삼계나 마음까지도 없어져서 완전히 공(空) 자체를 체득하기에 이른다. 이것을 공해탈문(空解脫門)이라 한다. 공해탈이란 공 자체임을 체득하여 미혹의 세계를 벗어나는 것을 가리킨다. 그리고 보살이 이 공의 해탈에 안주할 때, 전 세계는 이미 어떤 형태로도 나타나는 일이 없어진다. 바꾸어 말하자면 보살에게는 무상 해탈문(無相解脫門)이 생기는 것이다. 이렇게 해서 보살이 공해탈과 무상 해탈에 들어가게 되면, 그에게는 오직 대비심에 의해 중생을 가르치고 인도하는 일만이 문제가 되며 그 밖에는 아무 소원도 없어지게 된다. 즉 보살에게 무원 해탈문(無願解脫門)이 생기는 것이다.

이러한 공·무상·무원을 삼해탈문이라고 말한다.

이 삼해탈문을 실행하는 중에 보살은 자·타의 관념이나 유·무의 생각을 완전히 떠나, 오직 대비심만으로 사회 활동에 정진하게 된다. 그때 '무애지현전(無碍智現前, asaṅga-jñāna-abhimukha)'이라는 지혜 바라밀이 광명과 함께 나타난다는 것이다. 지혜 바라밀이란 지혜에 의해 궁극의 열반에 이른다는 뜻이요, 무애지현전이란 장애됨이 없이 인생의 모든 것을 꿰뚫어 볼 수 있는 투명한 지혜가 내 속으로부터 나타난다는 뜻이다. 제6 현전지라는 이름은 바로 이 사실을 가리킨다. 보살은 이 경지에서 말하자면 공 자체에 파고들었다고나 해야 할 것이다.

보살이 이 현전지에 안주하게 되면 보살로서의 갖가지 마음의 방향이 정해지게 된다. 이를테면 결정심·선심·불퇴전심·노력 정진심·청정심·사회 활동을 위한 방편심 따위이다.

이런 마음의 방향은 부처님의 깨달음에 순종함으로써 저절로 그 깨달음 쪽으로 기울고 있다. 따라서 보살의 마음은 어떤 일에 닥쳐서도 좌절됨이 없는 불퇴전의 기백으로 차 있다. 이 보살에게는 이윽고 부처님의 지혜가 나타날 것이라는 사실이 결정되어 있다.

이상은 제6 현전지에 있는 보살의 종교적 세계이다. 그는 현실 속에서 사는 중생을 관찰함으로써 십이 인연관에 이르렀고, 삼계는 모두가 오직 마음뿐이라는 경지에 눈떴으며, 이윽고 삼계도 마음도 없어져 무애지가 나타나기에 이르러 마침내 부처님의 지혜가 약속된 것이다.

이런 제6지의 보살을 생각할 때 누구라도 본 경전 중의 야마천궁보살설게품에 설해져 있는, 저 유명한 심·불·중생 삼무차별의 글을 생각하게 될 것이다. 그 앞 대목을 인용해 보자.

"일체의 중생은 모두 다 과거·현재·미래의 삼세에 포함되며, 삼세의 중생은 모두 다 오온 속에 포함된다.

오온은 숙업(宿業)에 의해 생기고 숙업은 마음에서 말미암아 생긴다. 마음은 마치 환상과도 같고 중생 또한 그렇다.

삼세의 오온을 세간(世間)이라 한다. 세간은 스스로 만드는 것도 아니요, 또 다른 누구의 손에 의해 만들어지는 것도 아니다. 이 진실한 상황을 모르는 까닭에 사람들은 생사의 세계를 헤매고 있는 것이다.

세간은 모두가 괴로움이다. 이 진실한 상황을 모르는 까닭에 사람들은 미혹의 못물 속에 잠기는 것이다.

오온(결국 몸과 마음)이란 무엇인가? 사람들은 오온이 깨져 버릴 것을 모르고 망령되이 그것을 불변한 것인 듯 생각하고 있다.

오온은 알고 보면 미망(未忘)한 것이요 헛된 것이어서 그 진실한 실체는 없으며 그 자체가 공적(空寂)한 것이다.

여러 그릇된 견해를 떠나 명백히 진실한 상황(實相)을 파악하기만 하면, 일체지(一切智)[21]의 부처님은 언제건 눈앞에 나타난다."

(夜摩天宮菩薩說偈品)

이 글에 의하면 일체 중생이란 삼세의 중생이며, 그것은 바로 오온을 말한다. 오온은 숙업에서 말미암고, 숙업은 마음에서 말미암는다고 말하고 있다. 오온이란 색(色)·수(受)·상(想)·행(行)·식(識)이다. 색은 형태 있는 것 곧 육체적인 것을 말하고,

---

21) 모든 존재의 전체적 양상을 개괄적으로 아는 지혜.

수 · 상 · 행 · 식은 정신적인 것을 가리킨다. 따라서 오온이란 심신(心身)의 뜻이 된다. 즉 일체의 중생은 오온에 포함되고, 오온은 결국 마음에 포함된다. 바꾸어 말하면 일체 중생 또는 삼세의 세간이 모두 마음에서 말미암는다고 할 수 있다.

이것은 앞에서 말한 제6지 보살의 삼계 유심의 취지에 해당한다고도 할 수 있겠다.

또 앞의 인용문에서는 삼세의 오온을 세간이라 부르고, 그 모습은 고뇌에 차 있고 미망하며 헛된 것이지만, 그 자체로 말하면 공적하다고 되어 있다. 제6지 보살의 경우에도 십이 인연은 마침내 오온의 쇠미 · 소멸로 돌아가, 우비(憂悲) · 고뇌와 연결되어 있음을 설하고 있다.

또 이 제6지에서도 세간의 실상을 보게 될 때 마지막에 가서는 불지(佛智)가 나타나게 된다고 말하고 있다.

이렇게 보는 경우, 이 인용문과 제6지가 보살행에서 같은 단계에 놓여 있다는 것을 알게 될 것이다.

그런데 앞의 글에 뒤이어서 심 · 불 · 중생의 삼무차별이 서술되어 있다.

"이를테면 여러 가지 색채가 솜씨 있는 화가에 의해 그려지듯이, 모든 존재는 마음에 의해 그려진 것들이다.

마음은 광대하여 헤아릴 수 없고 모든 것을 그려 내면서도, 마음과 여러 존재는 서로 알지 못한다.

마음과 같이 부처님도 또한 그러하며, 부처님같이 중생 또한 그러하다. 마음과 부처님과 중생은 서로 차별이 없으며 서로 다하는 일이 없다.

　일체는 모두 마음과 함께 움직인다고 부처님들은 이해하고 계신다. 만약 이처럼 깨닫는다면 이 사람은 진실한 부처님을 뵈올 수 있으리라."

(同上)

이것은 마음이 그려 내는 세상의 상황을 솜씨 좋은 화가가 여러 가지 색채로 그려 내는 것에 비유한 것이다. 그러나 그리고자 하는 마음이 그대로 색채인 것은 아니고, 또 색채가 그대로 그리려는 마음이 아니듯이, 마음 또한 그대로가 세상 상황인 것은 아니며, 거꾸로 세상의 상황 자체가 곧 마음인 것도 아니다. 그럼에도 불구하고 마음은 광대 무변해서 여러 가지 형태의 것을 그려 내고 있는 것이다. 그리고 마치 이 마음처럼 부처님 또한 광대 무변하며 일체 중생도 또한 광대무변하다. 바꾸어 말해서 마음과 부처와 중생은 전혀 차별될 것이 없거니와, 마음이 모든 것을 그려 내는 것처럼 마음·부처·중생은 서로 융합하여 다함이 없다. 이와 같이 일체는 모두 마음과 함께 움직인다고 부처님들은 알고 계시며, 우리 또한 이렇게 깨닫는다면 진정한 부처님을 뵈올 수 있으리라 결론을 내리고 있다.

　이 '심·불·중생 삼무차별'이라는 경문의 견해는 후에 중국 불교에서 화엄종이 문제삼았고, 또 천태종(天台宗)[22]이 어느 의미에서는 화엄종보다도 더 중요시하여 이를 논하고 있어서 매우 유명해진 바 있다. 어쨌든 이 심·불·중생 삼무차별 또는 심·

불·중생 삼무진은 『화엄경』의 세계관을 매우 간결하게 더욱이 그 핵심적인 것을 나타낸다고 할 수 있을 것이다.

이것을 서양 사상에 비교한다면, 마음은 자아에, 부처님은 신에, 중생은 세계에 해당시킬 수 있을지 모른다. 즉 서양에서는 자아·신·세계가 세계관을 구성하는 삼요소가 되어 있다. 서양의 사상가도 사람에 따라 이 삼요소에 대한 견해는 저마다 다르겠지만, 대체적으로 말해서 『화엄경』의 심·불·중생의 관계는 서양의 자아·신·세계의 관계에 비해 매우 융통 무애하다고 할 수 있을 것이다. 마음이 모든 것을 그려 내는 그대로의 궁극적 실재가 곧 부처요, 그 끝없는 세계가 바로 중생인 것이다.

그런데 이런 심·불·중생의 삼무차별 또는 삼무진의 세계관 속에서 실천적인 문제로 직접 우리와 관련되는 것은 곧 마음임에 틀림없다. 마음은 가장 가까운 것이어서 바로 주체의 중심이라 할 수 있다. 따라서 우리는 이 마음을 직접적인 근거로 삼아서 화엄의 무진한 세계를 향해하게 되는 것이다. 이것이 "일체는 마음과 함께 움직인다."는 것을 깨달으면 부처님을 뵐 수 있다는 말의 뜻이며, 제6지의 보살의 입장에서 말한다면 "이 삼계에 속하는 존재는 모두가 이 마음만으로 이루어졌다."는 삼계 유심의 주장이다. 그리고 이 주장대로 체득해 가면 이윽고 삼계도 마음도 없어져서 공 자체에 파고들 수 있게 되며, 불지(佛智)가 나타날 것이 약속된다.

---

22) 법화경을 위주로 한 종파. 수(隋)의 지의(智顗)가 천태산에서 창시했기 때문에 이런 이름이 붙었다.

이렇게 제6지의 보살은 공 자체를 철저히 파고드는 것에 의해 그 공 자체를 체득하고, 이것을 기초로 해서 대비심(大悲心)의 사회 활동을 실천한다.

이 보살 또한 앞의 경우와 같이 무수한 부처님들을 공양·예배하고, 일체의 선행을 기울여 궁극의 깨달음을 위해 회향한다.

자타 불이(自他不二)

제6지를 마친 보살은 제7지를 향할 때 다음과 같은 가르침을 수련한다.

이를테면 보살은 제6지에서 공(無)·무상(無相)·무원(無願)의 삼해탈문을 닦아서 공 자체의 입장에 깊이 파고들거니와, 동시에 생활상의 행복이나 지혜 따위의 온갖 정신적 양식도 수집하기에 정력을 쏟는다. 또 모든 것은 실체가 없으며 자아가 없다고 깨달았음에도 불구하고, 자(慈)·비(悲)·희(喜)·사(捨)의 사무량심의 실천을 지향하여 마지않는다. 또 미혹의 세계로부터 완전히 떠날 수 있으면서도, 동시에 그 세계를 정화하고 장엄(미화)하기를 게을리하지 않는다. 또 스스로는 모든 번뇌의 불꽃을 꺼서 궁극의 세계에 도달했음에도 불구하고, 모든 사람들의 번뇌의 불꽃을 꺼 주려고 노력을 기울인다. 또 모든 부처님의 본성

(本性)은 법신(法身)이라는 것을 알고 있으면서도, 동시에 모습을 나타낸 응신(應身)[23]이나 화신(化身)[24]도 예배하기를 잊지 않는다. 또 여래(부처)의 진정한 음성은 설할 수도 없고 말을 떠나서 그 자체가 정적(靜寂)임을 알고 있으면서도, 동시에 모든 말씀을 분별하여 이해하기에 열중한다. 또 모든 부처님들은 한 찰나에 과거 · 현재 · 미래의 삼세 일을 깨닫고 있는 줄 알고 있으면서도, 동시에 부처님들은 중생의 마음을 관찰하고 계시므로 그 온갖 마음의 상황 속으로 들어가신다는 것도 알고 있다.

이상은 제6지에서 제7지를 향해 나아가는 보살의 훈련 사항이거니와, 우리는 그것이 보살에게 극히 적절한 과업임을 알게 될 것이다. 제5지에 이르도록 인격의 연마를 거듭한 보살이 이제야말로 사회 활동에 착수하고자 세상의 실상을 관찰 · 숙고했을 때, 드디어 그는 세계의 모든 것이 오직 마음에서 말미암는다는 사실에 눈뜨게 되고, 마지막에 가서는 세상도 마음도 없어지고 공 자체에 몰입하기에 이른다. 이 공은 이미 단순한 공의 체험에 그치는 것이 아니다. 처음부터 이타행을 지향해 왔던 보살의 아무것에도 얽매이지 않고 아무것에도 정체함이 없는, 오직 사회 활동을 향한 끝없는 전진을 뜻하는 것이다. 바꾸어 말하면 자리와 이타의 두 가지 실천이 분리되거나 모순을 일으키지 않고, 조화된 하나의 보살행으로서 출발하는 것이다. 이런 전진의 출발점에 선 보살의 수련이 앞에 든 사항 속에 나타나 있다.

---

23) 중생을 구제하기 위해 부처님이 중생과 같은 모습으로 나타내는 몸.
24) 중생 구제를 목적으로 그때그때 임시로 알맞은 몸을 나타냄.

이런 보살의 태도는 불교 전체의 입장에 서서 바라볼 때에도 극히 중요한 뜻을 지닌다고 말할 수 있겠다.

만약 부처님의 가르침을 둘로 나눈다면 지혜와 자비가 될 것이고, 불교의 세계를 둘로 쪼갠다면 생사계와 열반계가 될 것이며, 불교의 마음을 둘로 가른다면 번뇌와 보리(깨달음)가 될 것이다. 즉 지혜와 자비·생사와 열반·번뇌와 보리가 나뉘는 중, 지혜와 자비는 불교의 보살행, 생사와 열반은 불교의 세계관, 번뇌와 보리는 그 인생관이라고도 할 수 있겠다.

그런데 제7지로 향하는 보살은 불교를 둘로 쪼갠 이런 항목들을 자기 한 몸에 걸머지고 실천해 가는 것이다. 그는 스스로의 궁극적 깨달음을 추구해 가는 지혜의 광명을 지니고 있으면서도, 사람들을 고뇌로부터 벗어나게 하기 위해 자비의 손을 뻗친다. 또 스스로 위대한 열반으로 갈 것이 약속되었으면서도 생사의 세계에 머물러 활약을 계속하며, 보리의 불꽃을 피우면서도 번뇌의 숲에서 노니는 것이다. 아니 오히려 다시 한 걸음 나아가 생사계의 한가운데에 열반의 세계를 세우고, 번뇌의 물결 속에서 보리의 불을 피우려고 하는 기백이 보이는 것이다. 즉 그것은 대승 불교의 근본적 입장인 번뇌 즉 보리, 생사 즉 열반의 세계라고나 해야 될 터이다.

이렇게 하여 보살은 제7 원행지(遠行地, dūraṃgamā-bhūmi)에 이른다. 원행지란 미혹의 세계를 멀리 넘어 여기까지 찾아올 수 있었다는 뜻이리라.

원행지에 안주한 보살은 다음과 같은 여러 가지 세계 속으로 들어가게 된다.

이를테면 보살은 헤아릴 수 없는 중생의 세계로 들어간다. 그것은 이미 무수한 부처님들이 가르쳐 인도했던 바 중생의 업(業)의 세계이다. 또 보살은 헤아릴 수 없는 국토 세계(國土世界)로 들어간다. 여기서도 또한 무수한 부처님들이 국토를 정화하고 계신다. 또 보살은 모든 존재의 구별을 알게 되고 이미 부처님들에 의해 설해진 분별의 지혜로 들어간다. 다시 또 보살은 무수한 중생의 헤아릴 수 없는 마음의 작용 속으로 들어간다. 여기서도 또 부처님들은 이미 그 온갖 마음의 작용을 충분히 이해하고 계신다. 다시 나아가 보살은 성문(聲聞)[25]의 뛰어난 해탈이나 연각(緣覺)[26]의 깨달음에도 들어가며, 또 무수한 보살의 헤아릴 수 없는 보살행으로 들어간다. 말하자면 보살은 대승의 세계·소승의 세계에 두루 빠짐 없이 들어가는 것이다. 그러나 그 어디에서도 부처님들은 이미 그 경지에 대해 깨닫고 계시는 것이다.

이렇게 해서 원행지의 보살은 온갖 세계에 들어가게 된다. 즉 중생의 세계·국토의 세계·존재의 세계·중생의 마음의 세계·성문과 연각과 보살의 세계 따위이다. 그러나 이런 무수한 세계는 사실은 부처님들에 의해 인도되고 정화되고 깨닫게 되고 체득된 세계이다. 다시 바꾸어 말한다면 부처님들 자체의 세계

---

25) 부처님의 직제자. 대승 불교에서는 자리에만 몰두하여 스스로 깨닫기만을 바라는 수도자.
26) 부처님의 교화를 받지 않고 혼자의 힘으로 깨달은 사람.

이다. 이에 보살은 다음과 같이 결의하게 된다.

"이와 같이 부처님들의 세계는 헤아릴 수 없다. 그 수효는 끝
없는 시간을 소비한대도 다 셀 수 없을 것이다.
　이런 부처님들의 세계는 마땅히 우리에 의해 완성되지 않으
면 안 된다. 더욱이 그 방법은 무공용(無功用, anābhogatas)하게,
다시 말하면 모든 분별을 떠나고 사려를 떠나서 성취되어야 할
것이다."

(十地品·遠行地)

이 '무공용하게'라는 말이 여기에서는 가장 중요한 개념이며,
보살이 이제부터의 태도로써 지향해 나아가는 목표이기도 하다.
무공용이란 결국 어떤 목표나 의도 없이 다만 저절로라는 뜻이
다. 자기의 목적이니 노력이니 하는 것이 없어지고 오직 대자연
의 움직임 그대로, 바꾸어 말하면 비로자나불의 크나큰 힘에 의
해 움직여 가는 일이다.
　이렇게 결의한 보살은 한 찰나라도 도(道)의 완성을 위해 게을
리하지 않는다. 걸을 때나 서 있을 때나 누워 있을 때나 또 꿈 속
에서거나 그 밖의 모든 행동에서 도의 실현을 위해 노력을 그치
는 일이 없다. 그리고 보살은 어떤 마음이 일어날 때마다 그 마
음을 열 가지 바라밀(보시·지계·인욕·정진·선정·지혜·방편·
원·역·지의 하나하나를 통해 궁극의 열반에 이르는 일)의 완성을
위해 회향한다. 대비에 의해 마음을 일으킬 때마다 그 마음을 불
법의 완성과 부처님의 지혜에 회향하는 것이 보살 본래의 태도

이기 때문이다.

이를테면 보시 바라밀이란 사람들에게 선행을 베풀어 줌으로써 궁극의 열반에 이르는 일이다. 마찬가지로 지계는 번뇌의 불을 진정시키는 일, 인욕은 자비심에 의해 중생 속에서 견디어 내는 일, 정진은 싫증 내지 않고 게으름 피우는 일 없이 노력하는 일, 선정은 지혜를 얻기 위해 마음의 어지러움을 가라앉히는 일, 지혜는 모든 존재가 그 본성에서 볼 때는 일찍이 생긴 적이 없다는 사실을 인식하는 일(無生法忍), 방편은 헤아릴 수 없는 온갖 지혜를 개척해 가는 일, 원은 보살의 소원을 차차 이루어 가는 일, 역(力)은 어떤 논리나 악마의 방해로도 도를 버리지 않는 일, 지(智)는 모든 것에 대해 그 실상(實相)을 깨닫는 일이다. 그리고 그런 작용들을 통해 궁극의 열반에 이르는 것이 곧 바라밀이다.

제7 원행지의 보살은 이런 10바라밀이 찰나찰나에 완성된다. 즉 보살이 어떤 마음을 일으킬 때 그 마음에는 그대로 10바라밀이 구비되어 있는 것이다. 또 그 밖의 모든 가르침도 마찬가지로 순간순간에 완성된다.

그런데 여기에 몇 가지의 문제가 생긴다.

첫째 문제는 제7지의 보살만이 이렇게 모든 가르침을 찰나찰나에 완성하는 것인가, 아니면 10지의 어느 단계 보살이나 다 그런 것인가 하는 일이다.

이에 대한 대답은 10지 전부에 걸쳐 그러하지만, 특히 제7지에서 그런 경향이 뚜렷하다. 왜냐하면 제7지의 보살은 온갖 가르침을 충분히 자기 것으로 만들어 지혜나 신통에 몰입하고 있기 때문이다.

경전은 여기서 최초의 제1지로부터 출발하여 지금껏 걸어온 보살의 발자취를 돌아보면서 간단한 회고를 시도한다. 즉 제1지 이래 모든 가르침을 찰나찰나에 완성함은 어떤 사정에서 말미암느냐 하면, 제1지의 보살은 초월적 체험을 거친 다음 보살로서의 온갖 서원을 세우는 것에 의해 모든 가르침을 찰나찰나에 완성할 수 있게 된다.

마찬가지로 제2지에서는 현실 생활 속에서 도덕을 실천하여 마음의 더러움을 떠나는 것에 의해, 제3지에서는 보살의 서원을 실천하여 지혜의 광명을 발하는 것에 의해, 제4지에서는 그 광명이 더욱 빛나는 것에 의해, 제5지에서는 세상의 실상(實相)이나 가르침을 잘 구명하는 것에 의해, 제6지에서는 다시 한층 깊은 진리에 들어가는 것에 의해 각기 모든 가르침을 찰나찰나에 완성하는 것이거니와, 제7지에서는 특히 모든 불법을 평등하게 일으키는 것에 의해 그렇게 하는 것이다. 즉 제7지에서는 지금까지보다도 더 구체적으로, 또는 더 사실적으로 모든 가르침이 찰나찰나에 완성되고 있다는 것일 터이다.

이와 같이 제1지 이래 각 단계의 사정에 의해 모든 가르침을 찰나찰나에 완성하여 제7지에 이른 것이지만, 이에 보살에게는 완전히 새로운 목표가 생겨나게 된다. 그것이 앞서 언급한 바 무공용(無功用)의 목표이다.

즉 제1지에서 제6지 사이에 실현해 온 보살행을 제7지 이후에는 한결같이 무공용하게 완성해 가는 것이다. 아무 힘도 들이지 않고 노력도 기울이는 일 없이 오직 저절로 성취해 가는 것이다. 제7지까지가 청정과 청정하지 않은 것이 뒤섞인 세계인 데 대해, 이 제8지 이후는 오로지 청정에 차 있는 세계이다. 그런데 보살이 이 무공용의 행(行)으로 전환하기는 매우 어려워서, 대신통력이 아니고는 난관을 도저히 넘을 수 없다는 것이다.

이렇게 생각할 때, 제7지의 보살은 아직도 번뇌로 더럽혀진 점이 남아 있다고 인정해야 되느냐 하는 것이 두 번째 문제이다.

이에 대한 대답은 제1지 이래의 모든 보살행은 보리에 회향하는 힘에 의해 번뇌의 때를 떠나고 있거니와, 그러나 그 자체의 경지를 들여다보면 제7지의 보살이라 해도 번뇌의 때를 완전히 떠났다고는 할 수 없다는 것이다. 더 정확히 말하면 제7지의 보살은 때가 있다고도 할 수 없고 없다고도 할 수 없다. 왜냐하면 이 경지에서는 이미 어떠한 번뇌도 사실상 일어나지 않으므로 번뇌의 때가 있다고 할 수 없겠으나, 한편 이 보살은 여래의 지혜를 추구하면서도 아직 그것이 충족되어 있는 것은 아니므로 번뇌의 때가 전혀 없다고는 말할 수 없기 때문이다.

이리하여 제7지의 보살은 극히 청정해서 신·구·의의 작용(몸으로 하는 행동·입으로 말하는 것·마음의 작용)이 잘 정화되어 있다. 더욱이 제6지의 초기에서는 어림도 없었던 무생법인(만물은 그 본성에서 볼 때 일찍이 생긴 적이 없다고 깨닫는 진리)까지 얻고 있다.

마지막으로 셋째 문제는 제1지의 보살조차 그 신·구·의의 작용은 성문 · 연각(둘 다 소승)의 경지를 넘어서고 있지 않느냐 하는 일이다.

　이에 대해 그것은 그렇다는 것이 대답으로 되어 있다. 그러나 제1지 이래 신 · 구 · 의의 작용이 성문 · 연각의 세계를 초월하고 있다는 것은 불법을 신앙 · 순종하는 힘에 의해 그렇게 된 것이며, 아직 참으로 자기 자신의 힘에서 말미암아 그런 것은 아니다. 그러나 제7지의 보살은 바로 자기 자신의 주체적인 힘에 의해 신 · 구 · 의의 작용이 소승의 세계를 초월할 수 있는 것이다.

　이렇게 하여 제7지의 보살은 매우 깊고 매우 고요한, 때 없는 신 · 구 · 의의 작용을 실현한다. 더구나 보살은 이미 제6지에서 멸진(滅盡)의 경지(몸이나 마음이나 또 모든 존재가 다 같이 없어지는 경지)에 도달했거니와, 제7지의 보살은 결코 그 경지에 묻히는 일이 없다. 즉 제7지의 보살은 찰나찰나에 멸진의 경지에 들어가면서도, 찰나찰나에 불가사의하고 무량한 신 · 구 · 의의 작용을 실현해 가는 것이다. 바꾸어 말하면 그는 열반에 들어가면서 동시에 생사의 세계에서 활동하고 있다. 또 생사의 세계에서 활동하지만 그 마음은 모든 번뇌를 떠나 있다. 세상의 온갖 의무를 다하면서 출세간(出世間 ; 세상을 초월한)의 진리 속에서 살고, 출세간의 진리 속에서 살면서도 온갖 속세의 의무를 다한다. 말하자면 악마의 경지에 있으면서 부처님의 세계를 나타내고, 부처님의 세계에 있으면서 악마의 경지에서 활동한다. 마치 얼음인 채 불이 되어 타고, 불이 되어 타오르면서 얼음처럼 찬 경지라고나 할까.

제7지의 보살은 이리하여 금강처럼 강하고 무엇에건 깨지지 않는 경지에 도달하게 된다. 그리고 또 이 경지에서도 마찬가지로 무수한 부처님들을 예배·공양하고, 모든 선을 궁극의 깨달음을 향해 회향한다.

마지막 전환

　지금까지 말한 바와 같이 보살은 제7지에서 마음의 방향이 결정되고 부처님의 힘이 충분히 작용해서 거기에 따라 보살 자신의 힘이 부쩍 자라게 되며, 또 대비심(大悲心)을 발휘하여 일체 중생에 대한 구제 활동을 펼쳐 나간다.

　제7지에서의 보살의 자각은 제6지 이래의 공에 대한 철저한 인식이 다시 강화되어, 말하자면 존재 자체의 본성(本性)에까지 투철하기에 이르러 있다. 그 본성은 불생(不生)이라고도, 무상(無相)이라고도, 불괴(不壞)라고도, 무변(無邊)이라고도 설명된다. 즉 그것은 일찍이 생겨난 일도 없고(불생), 형태도 나타나지 않고(무상), 결코 파괴되지 않고(불괴), 아무리 바라보아도 가이 없다(무변)는 뜻이다. 그리고 이것들은 존재 자체의 본성인 동시에 사실은 그것 이상으로 보살의 자각 자체의 광경을 나타내고 있다. 다시 바꾸어 말한다면 보살의 자각은 존재의 본성처럼 모든 의식의 작용을 떠나 집착이 없는 것이다. 그것은 마치 허공 자체와도 같다고 한다. 이것이 곧 앞에서 말한 바 무생 법인(無生法忍)인 것이다. 그것은 일체의 존재는 일찍이 생긴 적이 없다는 진리의 인식이거니와, 더 정확히 말한다면 보살 자신 또한 일찍이 생긴 적이 없다는 자각이리라.

이런 제7지를 철저히 하는 것에 의해 보살은 제8 부동지(不動地, acalā-bhūmi)에 들어가게 된다.

보살은 제8지에 들어가는 것과 함께 무공용 자체인 본성(本性)에 눈뜸으로써 온갖 작용이 없어지고 신·구·의의 모든 노력을 떠나 버린다. 이것은 제7지에서 보살이 지향해 온 바 궁극의 목표이기도 하려니와, 보살 자체로 보아서도 근원적인 일대 전환임에 틀림없다. 보살은 무공용이 됨으로써, 보살의 개아성(個我性)을 완전히 떠나게 된다. 경전은 그때의 사정을 다음과 같은 교묘한 비유로 설명하고 있다.

즉 잠든 사람이 꿈 속에서 큰 강가에 이르러 그 강을 건너려고 애쓴다. 그렇게 애쓰다가 꿈에서 깨어난다. 깨고 보니 기슭도 강도 없었고, 지금까지의 모든 노력으로부터도 해방되어 있었다는 것이다.

이 비유처럼 보살도 또한 사람들이 번뇌의 기슭에 이른 것을 보고 저쪽 열반의 기슭으로 건네 주려고 온갖 노력을 다했던 것이지만, 제8 부동지에 이르자 보살은 지금까지의 모든 활동과 노력에서 풀려날 수 있었다는 것이다.

여기에서 제1지로부터 출발한 보살의 발자취를 되돌아 볼 때, 그 거쳐 온 길에는 몇 개의 큰 전환점이 보이는 것 같다.

　그 첫째 것은 말할 나위 없이 제1 환희지에서의 종교적 근본 체험이다. 보살은 여기서 현실 세계를 뛰어넘어 부처님의 집(진리의 세계)에 태어난다. 그야말로 초월적 체험이라고 해야 옳을 터이다. 보살은 그때 스스로 열반을 향해 나아가는(자리) 동시에, 사람들도 열반으로 향하게 하는(이타) 두 가지 실천의 근거를 마련한다. 그리고 그는 여러 부처님을 예배하면서 미래 영원토록 보살도를 실천하기 위해 많은 서원을 세운 바 있다. 이 제1지는 진리의 발견인 동시에 보살도가 일어나는 출발점이 된다.

　제2 이구지에서는 다시 현실 세계로 돌아온 보살이 인간으로서 누구나 행해야 되는 도덕의 기본적인 훈련을 시작한다. 그는 이 훈련에 익숙해지는 동안에 세상 사람들의 실태를 바라보고 깜짝 놀란다. 그것은 보살도의 방향과는 정반대여서 비참하기 그지없다. 보살은 자기 혼자 열반으로 나아가는 일이 무의미함을 알게 되어 반드시 다른 사람들을 깨닫게 하고자 결심한다. 그리고 여기서도 부처님들을 예배하면서 궁극의 깨달음을 향해 모든 선행을 회향(廻向)한다.

　제3 발광지에서는 사람들을 미혹으로부터 깨어나게 해주고자 진지하게 생각하다가, 도리어 보살은 자기의 지혜 개발이 앞서야 한다는 점에 착안한다. 그리하여 그는 문법(聞法 : 부처님의 가르침을 듣는 것)·선정·관찰의 수련을 쌓는다. 그리고 마침내 자기 속으로부터 지혜의 빛이 발하고 있음을 발견하기에 이른다.

제4 염혜지에서 보살은 깨달음의 세계인 열반과 미혹의 세계인 생사를 응시하면서 더욱 깊이 인격의 연마를 거듭한다. 그것은 제3 발광지의 연속이요 강화이며 지혜의 빛은 불꽃처럼 타오르기에 이른다. 보살은 여기서도 궁극의 깨달음을 위해 회향하고 무수한 부처님들에게 예배한다.

염혜지에서 인격 연마를 철저히 한 보살은 제5 난승지(難勝地)에서 본격적으로 진리 추구(자리)와 사회 활동(이타)에 손을 댄다. 사람들을 위하는 일이라면 어떤 일이라도 배우고 실천함으로써 보살 정신의 큰 포용력을 과시한다. 그러므로 그의 인격은 더욱더 연마된다. 앞에서와 같이 그는 무수한 부처님들을 예배하고 궁극의 깨달음에 모든 선을 회향하기를 잊지 않는다.

제6 현전지는 보살도의 과정에서 하나의 큰 전환점을 이룬다. 보살은 대비심(大悲心)에 입각하여 현실의 양상을 깊이 관찰하고 숙고하는 동안에 세계의 일체는 모두가 마음에서 말미암는다는 사실에 눈뜬다. 이른바 삼계 유심(三界唯心)이다. 그리고 이 삼계 유심의 자각을 심화함으로써 삼계도 마음도 없어지고 공(空) 자체에 몰입하게 되어 인생의 모든 것을 꿰뚫는 듯한 투명한 지혜가 생겨난다. 이것은 단순히 공의 체험에 그치는 일이 아니라, 제1지 이래 자리행·이타행을 지향해 온 보살 정신의 아무것에도 얽매이지 않는 끝없는 전진을 뜻한다. 보살은 여기에서도 무수한 부처님들을 예배하면서 모든 선을 궁극의 깨달음을 향해 회향했을 것임은 쉽게 짐작되는 바이다.

제6지에서 공 자체에 철저했던 보살이 제7 원행지에서는 중생이나 국토 또는 성문·연각·보살 따위의 온갖 세계로 들어간다. 그런데 이 무수한 세계란 사실은 부처님들에 의해 정화되고 증명된 세계, 말을 바꾸자면 부처님들 자체의 세계이다. 그래서 보살은 이 헤아릴 수 없는 부처님들의 세계가 자신의 손에 의해 더욱 무공용(無功用)하게 실현되어야 한다고 결의하기에 이른다. 이리하여 보살은 행·주·좌·와 한 찰나의 휴식도 없이 도(道)의 실현을 위해 노력을 기울인다. 그는 무수한 부처님들을 예배하여 궁극의 깨달음에 선을 회향하면서, 그 몸과 마음은 적멸(寂滅)에 돌아갔음에도 불구하고 모든 가르침을 찰나찰나에 실현한다.

이리하여 보살은 제7지를 철저히 하는 것에 의해 제8 부동지로 들어가게 된다. 그는 그와 함께 신·구·의의 모든 활동과 노력으로부터 풀려나서 무공용 자체인 본성에 눈뜸으로써 저절로 이루는 이가 된다.

이상과 같이 제1지 이래의 보살이 걸어온 과정을 돌아볼 때, 제8지의 전환이 갖는 중요성이 이해되리라. 제1 환희지에서 보살은 종교의 근본 체험에 의해 일상적인 의식을 초월하여 부처님의 집에 태어난 바 있다. 그 체험은 동시에 자리행·이타행의 근거가 되어 그 후의 보살행의 원동력이 여기서 나온다. 그 원동력에 입각한 보살은 앞에서 말한 것처럼 몇 개의 전환을 거치면서 제7지에 이른 것이다.

그 동안 그는 항상 부처님들을 예배하고 궁극의 깨달음에 모든 선을 회향하는 한편 자리행·이타행의 실현에 애써 왔지만,

그것은 보살 자신의 끝없는 노력이었다고 할 수 있다. 처음으로 부처님의 집에 태어난 이래 부처님들을 계속 예배해 왔으나, 그 행동의 주체는 여전히 보살 자신의 인격이었다고 말할 수 있을 것이다.

그런데 보살이 제8지에 들어감에 이르러 일체의 노력에서 풀려났다는 것은 행동의 주체가 보살의 인격으로부터 부처님으로 옮겨 갔음을 뜻할 터이다. 또는 보살 자신의 인격이 소멸하고 부처님 속에 동화된 것이라고도 할 수 있으리라. 또는 이제껏 논해 온『화엄경』의 세계관에서 볼 때 보살이 활동하는 장소는 겉 무대요, 부처님은 그 끝없는 막후에 계시니까, 이 제8지에서는 앞쪽의 보살과 뒤쪽의 부처님이 사실상 표리 일체가 된 것이라고도 말할 수 있을 터이다. 또는 지금까지 부처님들을 예배하고 궁극의 깨달음을 향해 모든 선행을 회향해 온 보살이 제8지의 저절로 이루는(무공용) 세계에 들어가는 것에 의해 예배나 회향의 최종 목표를 실현한 것이라고도 할 수 있겠다. 따라서 제1지의 초월적 체험에 의해 얻어진 자리행·이타행의 근거가 여기서는 단순한 근거에 그치지 않고, 자리가 동시에 이타요 이타가 동시에 자리로서 구현될 기회가 열린 것이라고도 생각된다.

어쨌든 제8지는 보살이 개아성(個我性)을 떠나 저절로 되는 세계로 뛰어들었음을 뜻한다. 보살의 인격 형성 면에서 본다면 제8지는 그 최종 목표가 아닐까? 왜냐하면 그것은 보살이 보살의 고향인 부처님의 세계로 공수 환향(空手還鄕 : 빈손으로 고향에 돌아옴)한 것이라고도 할 수 있는 까닭이다. 그러나 보살의 불도 실현이라는 면에서 말하면, 그것은 바로 불도 실현의 첫걸음이라고 생각해야 되리라. 왜냐하면 보살이 자기를 잊고 부처님과 합치되는 것은 바로 여기에서 시작되기 때문이다.

이렇게 생각할 때 보살의 인격 형성 과정에서 제8지가 얼마나 중요한 것인가 하는 점이 저절로 이해될 터이다.

일본의 쇼토쿠 태자는 특히 이 제8지의 보살에 주목하여, 이를 불교인의 이상으로서 찬양한다. 그 이유는 앞에 든 바와 같이 한 찰나 속에서 무수한 보살행을 실천할 수 있는 것은 8지 이상의 보살이라야 비로소 가능하기 때문이다. 태자가 이상으로 삼은 불교 생활의 목표가 매우 높은 것이었음을 알 수 있겠다.

중국 정토종의 담란(曇鸞)[27]은 그의 저서 『왕생론주』 속에서 제1지에서 제7지까지를 미증정심(未證淨心)[28]의 보살, 제8지 이상을 평등 법신(平等法身)[29] 또는 법성 생신(法性生身)[30]의 보살이라 하여 그 자격을 명백히 구별한다. 일본의 신란(親鸞)은 이 대목을 그의 저서 『교행신증(敎行信證)』 안에서 인용한 바 있다.

제8지의 내용에서 본다면 개아성을 떠나 저절로 이루는 세계는 신란의 만년의 인생관인 자연 법이(自然法爾)[31]와 비슷하다고 할 수 있을 것이다. 신란은 자기의 인위적인 것은 모두 버린

27) 정토종의 선각자인 중국 승려. 『대집경소』 『왕생론주』 『찬아미타불게』 『약론안락정토의』 등의 저서가 있다.
28) 아직 청정한 심경을 완전히는 체득하지 못한 것.
29) 평등한 진리 자체가 된 몸.
30) 법성은 진여. 진여 자체와 하나가 된 몸.

채, 오직 부처님의 크나큰 힘에 의해 이루어지는 자연(自然)[32]의 세계에 안주하였던 것이다. 또 불교는 아니지만, 공자의

"70이 되자 마음의 욕구를 그대로 따라도 도덕적 법칙에 위배되는 일이 없었다."

는 심경도 제8지나 자연 법이와 상통하는 바가 있는 듯 느껴진다.

그런데 모든 활동과 노력을 떠나 있는 제8지의 보살은 어쨌든 보살의 개아적인 세계로부터 풀려나기는 했을 것이다. 그리고 저절로 이루어지는(무공용) 대도(大道)에 안주할 수도 있을 것이다. 그러나 과연 이대로 있어도 좋을까? 물론 그렇지는 않다. 보살은 본디 본원력(本願力)의 소유자인 것이다.

그때 무수한 부처님들이 나타나서 이런 보살에 대해 훈계를 내리시게 된다. 부처님들의 이 훈시가 보살의 앞으로의 활동을 종전으로부터 질적으로 전환시키는 것이다. 그 훈시란 다음과 같은 내용이다.

"기특하다, 기특하다, 보살이여! 그대는 일체의 불법을 믿고 따르는 것에 의해 궁극적인 지혜를 얻었다. 이것은 얼마나 훌륭한 일인가!

31) 남에게 시킴을 받거나 스스로의 노력에 의하지 않고 저절로 그렇게 되는 것.
32) '자연 법이'와 같음. 흔히 말하는 '자연'과 구별할 필요가 있다.

그러나 보살이여! 그대는 아직 우리 부처가 지닌 십력(十力)³³⁾ · 사무소외(四無所畏)³⁴⁾ · 십팔 불공법(十八不共法)³⁵⁾을 얻지 못했다.

부디 보살이여! 이런 불덕(佛德)을 완성하고자 노력 정진하라. 그대가 얻은 궁극적 지혜를 버려서는 안 된다.

또 보살이여! 그대는 적멸(寂滅)의 해탈을 이미 얻었거니와 모든 사람이 그런 것은 아니다. 그들은 항상 번뇌로 말미암아 괴로워하고 있다. 그대는 자애의 마음으로 이들을 해탈케 하라.

또 보살이여! 중생을 위한 활동을 완성하는 일과 불가사의한 지혜를 얻겠다는 그대 본래의 서원을 다시금 생각하라.

또 보살이여! 부처님들이 세상에 나타나시든 나타나시지 않든, 진리 자체와 세계의 안정은 이미 결정되어 있는 바이다. 그

---

33) 부처님에게만 갖추어진 열 가지 힘. 처비처 지력(處非處智力) · 업이숙(業異熟) 지력 · 정려해탈등지등지(靜慮解脫等持等至) 지력 · 근상하(根上下) 지력 · 종종계(種種界) 지력 · 종종승해(種種勝解) 지력 · 변취행(遍趣行) 지력 · 숙주수념(宿住隨念) 지력 · 사생(死生) 지력 · 누진(漏盡) 지력.

34) 부처님이 설법할 적에 두려움이 없는 네 가지 지력. ① 정등각 무외―모든 법을 평등하게 깨달았기에 다른 사람의 힐난을 두려워하지 않음. ② 누영진 무외―모든 번뇌를 끊었기에 외난(外難)을 두려워하지 않음. ③ 설장법 무외―보리를 닦는 데 악법은 장애가 된다고 설하면서 다른 사람의 비난을 두려워하지 않음. ④ 설출도 무외―괴로움의 세계에서 벗어나는 길을 설하되 다른 사람의 비난을 두려워하지 않음.

35) 부처님에게만 있는 열 여덟 가지 공덕. 신무실(身無失) · 구무실(口無失) · 의무실(意無失) · 무이상(無異想) · 무불정심(無不定心) · 무부지이사(無不知已捨) · 욕무감(欲無減) · 정진무감(精進無減) · 염무감(念無減) · 혜무감(慧無減) · 해탈무감 · 해탈지견무감 · 일체신업수지혜행(一切身業隨智慧行) · 일체구업수지혜행 · 일체의업수지혜행 · 지혜지견과거세무애무장(智慧知見過去世無碍無障) · 지혜지견미래세무애무장 · 지혜지견현재세무애무장.

러므로 부처님만이 이 진리를 얻음으로써 부처가 된 것이 아니라, 성문과 연각 또한 분별을 떠난 이 진리를 얻고 있는 것이다.

또 보살이여! 그대는 우리 부처님들이 신체가 무량하다는 것을, 지혜가 무량하다는 것을, 국토가 무량하다는 것을, 광명이 무량하다는 것을 잘 관찰하라. 그리고 그대도 이렇게 되고자 노력하라.

또 보살이여! 그대는 일체법 무분별의 광명(sarvadharma - nirvikalpa - āloka)을 얻은 바 있다. 그러나 부처님의 광명은 무량하여 무제한으로 번지고 무제한으로 만들어진다. 그러므로 그대의 광명도 그렇게 되도록 힘쓰라.

또 보살이여! 시방(十方) 세계에 있는 무량한 국토, 무량한 중생, 무량한 사물의 차별을 잘 관찰하라. 그리고 그것에 입각하여 보살행의 완성을 기하라."

(十地品·不動地)

이 부처님들의 가르침을 살펴보건대, 우선 두 개의 큰 부문으로 나눌 수 있을 것 같다. 첫째는 보살이 제8지에서 저절로 이루는 궁극의 지혜를 얻은 것에 대한 칭찬이요, 둘째는 보살의 세계를 훨씬 능가하는 부처님들의 무량한 세계에 관한 설명이다. 먼저 첫째 주제에 대해 말한다면, 부처님들은 보살의 지혜를 칭찬한 다음 거기서 멈추지 말고 부처님들의 세계에까지 올라오도록 가르치고 있다. 더구나 그렇게 되는 것이 보살 본래의 서원이었음을 상기시킨다.

그러나 다른 각도에서 본다면, 보살은 제8지의 저절로 이루는 지혜에 도달함으로써 비로소 부처님들의 세계에 들어올 수 있게 된 것도 명백한 사실이다. 저절로 이루는(무공용) 지혜는 보살이 개아성(個我性)의 마지막 한 방울로부터도 떠나는 최종의 전환이요, 그것은 부처님들의 세계로 이끌려 들어가는 필연의 과정이기도 하다.

그런데 둘째 주제인 부처님들의 세계에는 갖가지 사실이 포함되어 있다. 이를테면 십력·사무소외·십팔 불공법 같은 부처님들만이 지니고 있는 능력이나 성질, 또 부처님들의 신체·지혜·광명·국토는 무량하다는 사실, 또 부처님들의 세계 안에 포함되는 무량한 국토·무량한 중생·무량한 사물의 차별, 또 중생들이 번뇌 때문에 괴로워하고 있다는 사실, 그러나 또 진리 자체는 분별을 떠나 있으므로 부처님만이 이를 파악하고 있는 것이 아니라 성문·연각도 또한 그럴 수 있다는 사실—여기서 더 나아가면 모든 중생이 무분별의 진리 위에 존재하고 있으므로 누구나 성불할 가능성이 결정되어 있다는 주장까지 나올 수 있다—따위이다.

그리하여 보살은 부처님들의 인도에 의해 이런 부처님들의 세계로 항해하는 것이다. 그것은 오직 제8지에 도달한 보살만이 할 수 있는 일이며, 그렇기 때문에 부처님들의 힘에 의해서만, 바꾸어 말해서 비로지나불의 힘에 의해서만 이루어질 수 있다.

이렇게 보살과 부처가 일체로 된 항해는 모든 것을 개발한다. 이른바 일체 지지(一切智智, sarvjña-jñāna)를 향해 나가고 있어서, 지금까지의 보살 자신의 노력에 의한 수련과는 도저히 비교가 안 된다. 이를테면 최초로 보리심을 일으켰을 때로부터 제7 원행지에 이르기까지의 보살의 노력을 다 합쳐도, 제8지 이후 부처님의 인도에 의해 움직여 가는 보살의 한 찰나의 노력의 백분의 일·천분의 일 내지는 백억분·천억분의 일에도 미치지 못한다고 경전은 주장한다. 왜냐하면 이전에는 보살의 일신에 의해 보살행이 실천되었으나, 제8지에서 부처님과 동화된 보살은 무량한 신체·무량한 음성·무량한 지혜에 의해 보살행을 실천하기 때문이다.

경전은 이 사정을 또 다음과 같은 교묘한 비유로 설명하고 있다.

배가 바다를 향해 강에서 내려갈 때에는 노를 저어야 하지만, 일단 바다에 이르고 나면 이미 노를 쓸 필요가 없이 다만 돛대를 다는 것만으로 배를 몰아 갈 수가 있다. 더욱이 해상에서의 속도는 강에서 노를 저을 때보다 비교가 안 될 만큼 빠르다. 이와 마찬가지로 보살이 부처님들의 대해에 들어간 다음에는 저절로 이루는(無功用) 부처님들의 힘에 의해 나아가기 때문에 앞에서 한바 보살 일신(一身)의 노력을 아무리 오랫동안 거듭한다고 해도 도저히 이것에 미칠 수 없다는 것이다.

이렇게 해서 제8 부동지에 도달한 보살은 자기 노력을 떠나 저절로 이루는 지혜에 의해 이른바 일체 지지를 관찰하게 된다.

즉 보살은 세계나 사회의 생성·소멸의 과정, 또 세계나 사회를 움직이는 업(業)의 상태, 또 지(地)·수(水)·화(火)·풍(風)의 갖가지 성질이나 그 원자의 상태, 또 중생신(身)이나 국토신

(身)의 원자의 상태, 또 중생신의 추신(粗身 : 눈에 보이는 신체)·세신(細身 : 눈에 안 보이는 미세한 신체)의 상태, 또 지옥·아귀·축생·아수라·천·인의 갖가지 상태, 또 욕계·색계·무색계의 생성·소멸의 과정 따위를 인식한다.

또 보살은 중생의 갖가지 몸·이해의 정도·마음가짐 따위에 응해서 스스로의 몸을 여러 가지로 나타낸다. 즉 보살은 승려의 집단에 대해서는 승려의 모습으로 나타나고, 바라문의 집단에 대해서는 바라문의 모습, 왕족에 대해서는 왕족의 모습, 서민에 대해서는 서민의 모습, 노예에 대해서는 노예의 모습, 재가 신자에 대해서는 재가 신자의 모습, 또 사천왕·삼십삼천·야마·도솔·화락(化樂)·타화자재(他化自在) 등의 제천(諸天)에 대해서는 각기 그 제천의 모습, 다시 성문·연각·보살·부처님 중의 하나로서 수련해야 되는 중생에 대해서는 그런 것들의 모습으로 나타난다. 바꾸어 말하면 보살은 불가사의한 부처님의 나라 안에 있는 무수한 중생의 갖가지 신체·이해·마음가짐에 응해서 자기 몸을 나타내는 것이다.

보살은 신체에 관한 모든 생각·분별을 떠나 신체가 평등함을 잘 알고 있다. 그러므로 보살은 도리어 신체의 온갖 존재 양식을 이해하는 것이다. 이를테면 중생신·국토신·성문신·연각신·보살신·화신·지신(智身)·법신·허공신 등이다. 더구나 보살은 중생의 마음가짐을 알고 곧 스스로 중생신이 되어 나타날 수가 있다. 또 다른 신체에서도 마찬가지이다. 결국 그는 상대의 마음가짐에 응해 자기 생각대로 즉시에 몸을 나타내는 것이다.

이리하여 제8지의 보살에게는 온갖 힘이 안정된다. 이를테면 모든 번뇌를 떠나 버렸으므로 마음 청정한 힘이 안정되어 있다. 또 도(道)를 떠나는 일이 없으므로 마음의 깊은 힘이 안정되어 있다. 또 중생을 위해 활동을 그치지 않으므로 대비(大悲)의 힘, 또 모든 보살행을 버리지 않으므로 대원(大願)의 힘, 또 모든 불법을 모아서 지니고 있으므로 열반으로 향하는 힘, 또 모든 경우에서 일체 지지를 나타내므로 여래에 의해 지탱되는 힘이 각각 안정되어 있다. 보살은 이런 힘을 간직함으로써 모든 활동을 펼치거니와, 그 활동에 잘못도 더러움도 없게 되는 것이다.

이런 보살의 힘은 물론 보살 자신의 노력에 의해 얻어진 것은 아니다. 보살 자신의 모든 노력이 스러진 대신 부처님들의 힘, 비로자나불의 크나큰 힘에 의해 생겨난 것이다. 보살의 인격은 그대로 부처님의 '대해' 속에 동화된 것이라고 말할 수 있겠다.

제8지의 보살은 이리하여 항상 무변(無邊)의 여래(aparyanta-tathāgata)를 예배하고 무수한 부처님들을 공양하며, 다시 나아가 여래의 법장(法藏 : 진리의 곳집)을 얻고 있기 때문에 논리를 전개하는 데 막히는 일이 없다고 한다.

제7지까지의 보살은 무수한 부처님들을 예배 · 공양하고 모든 선을 궁극적인 깨달음을 향해 회향해 왔다. 그런데 제8지의 보살은 무수한 부처님들 외에 무변의 여래를 예배하고, 또 모든 선을 궁극의 깨달음에 회향하는 대신 여래의 법장을 얻고 있다. 무변의 여래란 제8지의 보살이 스스로 모든 노력으로부터 풀려나 끝없는 비로자나불의 대해에 동화된 사실을 가리키는 것일까?

더구나 제8지의 보살은 이미 여래의 법장을 얻고 있는 까닭에
궁극의 깨달음을 향해 선을 회향할 필요는 없는 것일까?

설법자

　제8지를 마친 보살은 여래의 세계를 더 한층 깊이 관찰·인식함으로써, 제9 선혜지(善慧地 : sādhumati‒bhūmi)에 도달하게 된다.

　보살은 이 제9지에서 온갖 지혜를 수련한다. 이를테면 선·악·무기(無記)³⁶⁾의 구별, 번뇌와, 번뇌를 초월한 것의 구별, 세간 일과 출세간 일의 구별, 성문·연각·보살·부처의 깨달음의 구별 따위이다.

　보살은 이런 지혜를 수련함으로써 그 지혜에 입각하여 중생 세계의 여러 가지 사실을 진상대로 인식하려는 것이다. 즉 중생의 마음의 복잡한 모습, 또는 번뇌나 업(業)의 갖가지 상황 따위

---

36) 선도 악도 아닌 것. 도덕적 성질을 선·악·무기의 셋으로 나눈 것 중의 하나.

이다. 특히 보살은 중생의 마음을 온갖 각도에서 인식하고자 한다. 이를테면 중생의 마음의 다양성, 또 찰나찰나에 변천해 가는 모양, 또 어디에도 의거할 데가 없다는 마음의 성질, 또 무변해서 어디나 걸쳐 있다는 마음의 성질, 또 마음의 밝은 점, 또 마음의 더러움과 깨끗함, 또 마음의 속박과 해탈, 또 환상처럼 바뀌어 가는 마음의 성질, 그 밖의 마음의 온갖 성질에 대해 보살은 진상 그대로 인식하는 것이다.

다음에 보살은 중생의 여러 가지 번뇌가 마음속 깊이 스며드는 모습, 또 번뇌의 작용은 무변하다는 것 따위 온갖 번뇌의 무수한 성질에 대해 진상 그대로 인식한다.

또 보살은 여러 가지 업의 성질에 대해 진상대로 인식한다. 이를테면 업의 선·악·무기의 성질, 또 표면에 나타나 있는 업과 잠재 세력으로서의 업의 구별, 또 업은 마음을 떠나지 않는다는 성질, 또 업 자체는 찰나찰나에 소멸하되 그 결과는 연속한다는 사실, 또 업의 영역은 무량하다는 사실, 또 신성한 업과 세속적인 업의 구별, 또 출세간의 불법을 확립하는 업의 성질, 또 업에 집착성이 있는 것과 없는 것의 구별, 또 이 세상에서 받을 업과 다음 세상에서 받을 업과 먼 내세에서 받을 업의 구별 따위 업의 무수한 성질을 진상 그대로 인식하는 것이다.

다음에 보살은 중생의 감각 기관의 우열에 관해 진상대로 인식한다. 또 보살은 중생이 생을 받게 될 성질에 관해 진상 그대로 인식한다. 이를테면 업에 따라 생을 받게 되는 성질, 또 지옥·아귀·축생·아수라·인·천의 삶을 결정하는 성질, 또 형태의 세계 · 형태 없는 세계에 태어나는 성질 따위에 대해서이다.

이렇게 해서 제9지의 보살은 중생의 마음 · 번뇌 · 업 따위와 중생의 갖가지 양상을 잘 인식함으로써 그것에 응해 중생이 해탈하도록 가르친다. 이를테면 보살은 중생의 성숙도를 잘 조사하고 성문 · 연각 · 보살 · 부처의 가르침을 각기 잘 분별함으로써, 그것에 입각하여 중생에게 적절히 법을 설하는 것이다. 그때 필요한 것은 중생의 마음씨 · 미혹의 상황 · 능력의 우열 · 이해력의 정도 · 활동 범위의 구별 따위를 잘 인식하고, 그것에 따라 교화해 가는 일이다. 다시 보살은 중생의 행동에 순응하거나 중생과 행동을 같이하면서, 또는 중생의 번뇌나 이해력의 온갖 차별을 따라 보살 자신도 갖가지로 변신(變身)하면서 중생을 해탈로 이끄는 것이다.

그러므로 제9지의 보살은 확실히 설법자의 입장에 서 있음을 알 수 있다. 그리고 그는 설법자로서의 자각 속에서 중생 구제에 나서고 있는 것이다. 이는 이전 경지로서는 볼 수 없었으니 제9지 보살의 특징이라 하겠다. 그러나 제9지의 보살도 여래의 법장(진리)을 수호하는 이로서 활동하고 있는 것임은 뻔한 일이다. 그 여래의 법장에 입각함으로써 그는 중생을 향해 설법할 수 있는 것이다.

이때 보살에게는 설법의 사무애지(四無碍智)가 나타난다. 사무애지란 무엇으로도 장애됨이 없는 네 가지 지혜로서, 첫째는 불법에 장애됨이 없는 법(法)무애지, 둘째는 불법의 도리를 이해하는 데 장애됨이 없는 의(義)무애지, 셋째는 자유 자재로 말이 통달하는 사(辭)무애지, 넷째는 이 세 가지 지혜에 의해 중생들에게 자유 자재로 설법할 수 있는 변재(辯才)무애지이다.

법무애지란 모든 사물에 대해 각각의 본성·상호간의 구별 따위를 인식하고, 그것에 의거하여 활동에 관한 여러 가지 방법을 아는 일이다. 또 모든 존재는 다 평등하고 결코 파괴되는 일이 없음을 알아서, 그것에 입각하여 열반에 이르는 길은 여럿이 있으나 결국은 오직 하나 부처님의 세계에 들어갈 뿐이라는 것을 이해하기에 이른다. 이것이 법무애지이다.

의무애지란 온갖 사물의 구별에 관한 지혜이다. 이를테면 과거·현재·미래의 모든 사물의 존재 양식에 대한 구별, 또 앞에서 말한 오온·십이처·십팔계라든지 사제·인연의 도리에 관한 지혜, 또 성문·연각·보살·부처님 등이 열반으로 향하는 갖가지 길, 또 이제껏 논해온 바 보살의 십지의 확립과 십지 하나하나에서의 가르침의 구별, 또 중생들의 무수한 마음씨·무수한 능력·무수한 이해력에 따르는 부처님의 가르침을 아는 일이다. 이와 같이 의무애지는 가지각색의 사물에 대한 구별의 지혜이다.

다음으로 사무애지란 모든 것을 잘 분별하는 지혜이다. 이를테면 과거·현재·미래가 서로 혼잡되는 일이 없도록 분별하는 것, 또 세속적인 지혜에 의해 진리를 나타내기는 해도 그 정신은 세속에 물들지 않도록 분별하는 것, 또 어떤 사람이라도 이해할 수 있는 말로 법을 설하는 것, 또 보살 십지의 각 단계의 도에 응해서 이를 순수하게 분별하는 것, 또 모든 중생의 활동을 서로 혼란되지 않도록 여래의 입장으로부터 분별하는 것이 곧 사무애지이다.

마지막으로 변재무애지란 이를테면 일체의 존재는 지속적이어서 한 찰나도 끊어짐이 없다는 것을 잘 분별하고, 중생에게 불법을 설하는 경우에는 보살 스스로 진리의 무변한 광명을 갖추고, 또 중생의 마음씨를 잘 살핀 다음 그것에 응할 갖가지 방편을 교묘히 쓰는 한편, 부처님의 지혜와 활동에 잘 따르면서 중생에게 설하는 일이다.

제9지의 보살은 이런 사무애지를 자유 자재로 구사하여 모든 중생을 해탈로 나아가게 한다. 이리하여 그는 여래의 법장을 획득하여 대설법자로서의 자격을 갖추기에 이르는 것이다.

그때 보살은 가지가지 다라니(陀羅尼)를 얻게 된다. 다라니의 원어는 dhāranī이며 총지(總持)라고 번역된다. 그 뜻은 불법을 마음에 새겨 잊지 않는 능력 또는 수도자를 수호하는 힘이 있는 장구(章句)나 주문(呪文)을 가리킨다. 그런데 여기서는 사물의 도리를 갖추고 있는 다라니, 지혜의 완성이나 광명을 갖추고 있는 다라니, 무애나 무변의 성질을 갖추고 있는 다라니를 획득한다고 되어 있다.

이것은 대체 어떤 사실을 말할까? 아마도 보살이 설법자로서의 자격을 갖추고 그 자격에 성숙해지는 동안 여기서 든 사물의 도리나 지혜의 광명, 또는 무애·무변이라는 진리 체득의 경지가 보살의 몸에 충분히 배어들어서 떨어질 수 없게 됨을 나타내고 있는 듯하다. 그리고 그것이 보살의 혈육이 되어 버리고, 마침내는 장구나 주문이라는 형태로 정리된 것이라 여겨진다.

어쨌든 보살은 무수한 다라니를 얻어 그것을 가지고 중생에게 설법한다. 그러나 아무리 그가 설법자로서 성숙해 간다 해도 보살의 신분을 잊고 있는 것은 결코 아니다. 그는 무수한 부처님들로부터 법을 듣고, 또 그것을 마음에 새겨 잊지 않으며, 들은 대로 사물의 도리를 분별·해석하기를 그치지 않는다. 그러고는 다시 중생을 향해 설법하는 것이다.

이와 같이 해서 제9지의 보살은 자유 자재로 중생에게 설법하여 그들을 해탈로 나아가게 한다. 이를테면 그는 한 마디 음성으로 모든 군중에게 갖가지 뜻을 이해하게 한다. 또 온갖 음성을 분별하여 중생 한 사람 한 사람에 알맞도록 이해시킨다. 또 세계의 지(地)·수(水)·화(火)·풍(風)의 미세한 원자에서 각기 헤아릴 수 없는 불가사의한 불법을 방출케 한다.

여기서 미세한 원자로부터 불가사의한 불법을 방출케 한다는 것은 어떤 뜻일까? 이는 쉽게 이해할 수 없거니와, 다음의 문제는 더욱 어려운 것 같다. 이를테면 경전은 이런 보살의 활약에 대해 언급하고 있다.

즉 삼천 대천 세계(전 우주의 온갖 세계)에 있는 모든 중생이 보살을 찾아와 동시에 저마다 자기 나름대로의 질문을 한다고 하자. 그때 보살은 그 무수한 질문의 뜻을 남김 없이 이해한 끝에 스스로 한 마디 음성으로 그 사람들에게 대답하건만, 그 무수한 사람들의 의문을 다 풀어 줄 수 있다는 것이다. 더욱이 보살은 반드시 부처님의 힘을 받음으로써 중생의 귀의처가 되는 것이다.

이것은 또 어떤 사실을 말하는 것일까? 의문은 꼬리를 물고 일어난다. 그러나 우리는 이런 문제를 생각하기에 앞서 보살의 소원을 들어 보자. 즉 보살은 그런 사실로부터 한 걸음 나아가서 다음과 같은 지혜의 광명을 얻고자 노력 정진하고 있는 것이다.

"한 개의 털끝에 말할 수 없을 정도의 무수한 여래가 좌정하시고, 그 한 분 한 분의 여래가 또 말할 수 없을 정도의 무수한 중생을 상대로 설법하고 계신다. 더욱이 그 하나하나의 중생이 말로 표현할 수 없을 정도로 무수한 마음을 갖고 있어서 거기에 따라 여래의 설법도 무수하게 변해 간다. 이 한 개의 털끝에서와 마찬가지로 일체의 세계에서도 또한 그러하다.

이런 사정 속에서 나는 크나큰 염력(念力, smṛti - vaipulya)을 성취하겠다. 즉 한 찰나 사이에 일체 여래의 설법을 들음으로써 법의 광명(dharma - avabhāsa)을 얻겠다. 그리고 또한 찰나 사이에 모든 중생을 기쁘게 해줄 수 있는 지혜의 광명(prajñā - avabhāsa)을 얻겠다."

이 글을 읽고 우리는 그것이 보살 개인 세계의 일이 아니라, 사실은 부처님의 세계에서 일어나고 있는 일임을 알게 된다. 여기서는 보살 개인의 인격은 지양되어, 오로지 부처님의 설법을 듣고 부처님 세계의 사실에 자기의 전체를 융합시키려 하고 있는 것이다.

부처님의 세계의 사실이란 무엇일까? 그것이 곧 앞에서 든 바, 한 개의 털끝에서 행해지는 무수한 부처님의 무수한 중생의 무수한 마음가짐에 대한 무수한 설법이다. 그것은 곧 비로자나불의 세계에서 일어나는 사실이라고도 할 수 있다. 이 세계의 사실은 자기 자신 전체를 공(空)으로 돌림으로써 오직 그것에만 귀를 기울이는 수밖에 없다. 법을 듣는 것이 그대로 대선정이 되며, 대선정이 바로 법의 광명이 되는 것이다. 보살은 한 찰나 사이에 이런 부처님들의 모든 설법을 듣고 법(진리)의 광명을 얻고자 한다. 그리고 그것에 의해 한 찰나 사이에 모든 중생을 기쁘게 할 수 있는 지혜의 광명을 얻고자 한다. 이것이 보살의 크나큰 염력의 성취이다.

이렇게 볼 때 앞서 수수께끼로 남겨 둔 미세한 원자로부터 불가사의한 방법을 방출시킨 일이라든지, 또 한 마디 음성으로 모든 사람들의 의문을 풀어 준다든지 하는 일이 어떻게 가능했는지 알 수 있으리라. 이를테면 그것은 보살의 일인 한편 사실은 부처님 세계에서의 일이며, 그 반영이라고 말할 수 있을 것이다.

우리는 이런 부처님의 세계에 대해 오직 겸허하게 귀를 기울이는 수밖에 없다. 그리고 대허공 속에서 그런 세계를 느껴야 한다. 그러나 이 사실을 구체적으로 어떻게 받아들이느냐 하는 것은 사람에 따라 달라질 터이며, 이것을 어떤 형태로서 이해한다는 일은 꽤 어려운 문제일 것이다. 다만 다음과 같이 느낄 수도 있지 않을까?

이를테면 여름이 갈 즈음 매미 소리에 귀를 기울이고 있노라면 세계는 오직 매미 소리뿐이어서 그 밖에는 아무것도 없는 듯이 여겨진다. 세계가 모두 이 매미 소리에 집중된다. 그 한 마디 매미 소리가 여름에서 가을로 옮아가는 대자연의 움직임, 또 과거·현재·미래를 뒤덮은 무한의 시간과·허공에 벋어 가는 무한의 공간 따위를 포함하고 있다. 그리고 또 그 한 마디 속에 내 마음의 움직임 전부와 나에게 가까운 모든 것들, 나라 문제, 세계 문제, 원자탄·수소탄 문제의 시끄러움이 담겨 있다. 즉 이른바 일즉일체(一卽一切)이다. 이것이 역시 한 찰나에서의 영원의 실상(實相)이 아닐까?

흔히 우리는 작은 문제 때문에 고민할 때 그것이 아무리 작은 것이라고 해도 온 몸과 마음이 그것에 지배당하게 된다. 그리고 자기를 공으로 돌리고 그 번뇌 자체가 될 때 번뇌는 조각조각으로 부서지고, 그 한 조각 한 조각에 무수한 광명이 비치는 듯이 느끼게 된다. 그것은 무수한 번뇌에 대한 무수한 부처님의 무진한 설법이라고도 느껴지지 않을까? 우리는 이런 일상 경험 중에서 미미한 대로 부처님의 세계에 접할 수 있을 터이다.

이리하여 제9지에 안주한 보살은 낮이나 밤이나 한결같이 부처님의 세계에 들어가서, 한결같이 부처님에게 친근함으로써 보살의 깊은 해탈에 이른다. 이 보살은 선정에 들고 부처님 뵈옵는 일을 그치지 않으며, 또 무수한 부처님을 만나 예배·공양하여 무수한 다라니를 얻는 것이다.

진리의 비

보살이 제9지에서 제10지로 들어가려 할 때, 보살은 관정지 (abhiṣeka-bhūmi)에 이른다고 한다. 관정(灌頂)이란 제왕이 되는 왕자에게 사대해(수미산 사방에 있는 바다)의 물을 그 머리에 붓는 의식이거니와, 여기서는 보살이 제10지에 오르려 할 때 무수한 부처님들에 의해 지혜의 물(智水)이 그 머리에 부어짐을 말한다.

이렇게 보살이 관정지에 이를 때 무수한 삼매가 나타나게 된다. 이를테면 이구(離垢) 삼매·입법계 차별(入法界差別) 삼매·보리도량장엄(菩提道場莊嚴) 삼매·해인 삼매·대허공계 (大虛空界) 삼매라든지 하는 무수한 삼매이다. 보살은 이런 삼매에 자유로이 나고 들어 그 무수한 삼매를 거듭한 끝에 마지막으로 일체지지수승관정(一切智智殊勝灌頂) 삼매를 얻게 된다.

이 삼매가 나타난 직후에 갖가지 보배를 박은 대보왕 연화(大寶王蓮華)가 출현한다. 이 연화는 모든 세간의 경계를 초월하여 출세간의 선(善)에 의해 생긴 것이다.

보살이 이 연꽃에 앉으면 곧 무수한 대보 연화가 나타나고, 그것과 함께 무수한 보살이 시방 세계로부터 몰려와 이 보살을 중심으로 그 한 개 한 개의 대보 연화 위에 앉아서는 저마다 삼매에 드는 것이다.

그때 모든 세계는 대진동을 일으키고 온갖 고뇌는 소멸하여 광명으로 충만하게 되며, 세계가 두루 정화되고 인(人)·천(天)의 음악과 합창이 일어나는 곳의 일체 중생은 모든 부처님들이 나타나심을 목격하게 된다.

그것만이 아니다. 이윽고 이 보살은 발바닥으로부터 무수한 광명을 발산하게 되는바, 이 광명이 모든 지옥을 두루 비추자 지옥에서의 중생의 괴로움이 남김 없이 소멸된다.

또 이 보살은 두 무릎으로부터도 무수한 광명을 내게 되어, 그것이 모든 축생을 비추게 되면 축생의 괴로움도 사라지고 만다.

마찬가지로 배꼽으로부터 광명을 내어 아귀의 고통을 가라앉히고, 좌우 두 옆구리에서 광명을 발하여 인간의 고통을 진정시키고, 두 손으로부터 광명을 발산하여 천(天)·아수라의 고통도 소멸시킨다.

또 이 보살은 양 어깨에서 광명을 발하여 성문을 비춤으로써 법광명(法光明)을 주고, 또 등과 목으로부터 광명을 발하여 연각을 비춤으로써 적정(寂靜) 삼매를 가르치고, 또 얼굴에서 광명을 발하여 제1지에서 제9지까지의 보살을 비춤으로써 지혜와 방편을 주고, 또 백호(白毫)로부터 광명을 발해 관정지의 보살을 비춤으로써 그 몸 속에 뚫고 들어가고, 또 정수리로부터 광명을 발하여 부처님들의 모든 집회를 비춘다. 그리고 이런 광명이 큰 원을 그리면서 허공에 걸리는 것이다.

이윽고 이 광명의 원으로부터 온갖 보배의 큰비가 이 보살들의 군중 위에 내린다. 그 광경을 바라보는 중생은 모두 보리심을 일으키며, 그들이 언젠가는 궁극의 깨달음에 이를 것이 저절로 결정된다.

이 보배의 큰비로 공양하는 일이 끝나면, 광명은 다시 대군중을 비추고 세계를 열 가지 빛깔로 에워싼 다음 이윽고 보살의 두 발바닥으로 들어가 버린다.

제왕에게 장남이 태어나면 그 아들이 크기를 기다려 황금의 의자에 앉힌 다음, 사대해에서 바닷물을 퍼다가 황금의 병에 담아 그 물을 왕자의 머리 위에 붓는다. 그러면 그 찰나에 왕자의 대위 계승이 결정된다. 그것과 마찬가지로 보살은 부처님들에 의해 지수(智水)가 머리 위에 뿌려지는 순간, 궁극의 깨달음에 도달하게 되는 것이다.

이리하여 보살은 제10 법운지(法雲地, dharma-megha-bhūmi)에 안주한다. 그렇게 되면 이 보살은 온갖 세계가 궁극의 지혜에 도달해 있는 사실을 있는 그대로 인식하기에 이른다. 이를테면 욕계·색계·무색계와 그 밖의 일체 중생의 세계, 또 유위계(有爲界 : 형성되어 있는 세계)·무위계(無爲界 : 형성을 초월한 세계) · 또 성문 · 연각 · 보살 · 부처님의 실천 같은 것이 모두 궁극의 지혜에 도달해 있음을 알게 되는 것이다.

또 보살은 다음과 같은 일을 진상대로 인식한다. 이를테면 일체의 존재는 모두 변화한다는 것을 알게 된다. 즉 중생신 · 번뇌 · 세계 · 성문 · 연각 · 보살 · 부처님 등은 모두 변화해 마지않는다는 것을 인식한다. 또 모든 것의 힘, 즉 일체 부처님의 힘 · 불법의 힘 · 승려의 힘, 그리고 업 · 번뇌 · 시간 · 원 · 공양 따위의 힘을 인식한다. 또 궁극의 깨달음에 도달한 사람의 온갖 비밀, 즉 신 · 구 · 의의 비밀, 중생을 교화하는 비밀, 중생의 활동이나 능력을 분별하는 비밀, 중생의 활동이나 업 속으로 들어가는 비밀, 깨달음과 구제의 비밀, 도리에 맞는 행 · 주 · 좌 · 와를 나타내는 비밀 따위를 알게 된다. 또 한 찰나 속에서 무한의 시간을 알고 무한의 시간에서 한 찰나를 알며, 과거에서 미래 · 현재를 알고 현재에서 과거 · 미래를 알고 미래에서 과거 · 현재를 알며, 시간에서 시간 아닌 것을 알고 시간 아닌 것에서 시간을 알게 된다. 또 모든 것 속으로 들어가는 지혜, 즉 미세한 원자 속으로 들어가는 지혜, 부처님들의 국토나 몸으로 들어가는 지혜, 중생의 몸이나 마음의 깨달음으로 들어가는 지혜 따위를 진상대로 인식하는 것이다.

이런 인식을 얻은 보살은 시방 세계의 무수한 부처님들 눈 앞에서 한 찰나 사이에 대법운(大法雲 : 큰 진리의 구름)으로부터 내리는 헤아릴 수 없는 대법(大法)의 비를 받아서 몸으로 잘 지닌다. 이를테면 사가라 용왕(沙伽羅龍王)의 구름에서 내리는 큰비는 대해가 아니면 이를 받을 수가 없듯이, 이 대법의 비는 제10지 보살이 아니고는 받을 수 없다. 그리고 또 보살은 스스로의 원력(願力)에 의해 한 찰나 사이에 시방 세계에 대법의 비를 퍼부음으로써 모든 중생의 번뇌를 가라앉힌다. 그러므로 법운지라고 부르는 것이다.

제10지의 보살은 다시 나아가 중생을 위해 활동을 그치지 않는다. 이를테면 미세한 원자 속에 모든 세계의 광경을 나타내고, 모든 세계 안에 미세한 원자를 나타낸다. 또 한 개의 털끝에 모든 부처님들의 국토의 장엄을 나타내고, 모든 부처님들의 국토의 장엄에서 한 개의 털끝을 나타내도 조금도 중생을 공포에 떨게 하는 일이 없다. 또 한 찰나 사이에 헤아릴 수 없을 만큼의 무수한 몸을 나타내고, 그 하나하나의 몸마다 무수한 손을 나타내어, 그 하나하나의 손으로 시방의 부처님들을 공양하기도 한다. 또 하나하나의 몸마다 무수한 머리를 나타내고, 그 하나하나의 머리마다 무수한 혀를 나타내어, 그 하나하나의 혀로 부처님들의 공양을 찬양하기도 한다. 이리하여 보살은 한 찰나에서와 마찬가지로 과거 · 현재 · 미래의 삼세에 걸쳐 무수한 몸을 나타내고, 그 하나하나의 몸마다 무수한 부처님들을 나타내어서 중생을 교화하는 것이다.

이와 같이 볼 때, 우리는 제10 법운지 보살의 세계의 불가사의함에 경탄하지 않을 수 없다. 그러나 보살로서 그렇다면 대체 부처님 자체의 세계는 어떠할까? 이런 의문이 법운지 보살을 보고 있던 대중의 머리를 문득 스치고 지나간다.

그때 보살의 10지에 대해 설명하고 있던 금강장(金剛藏) 보살은 시현일체불국토신자성(示現一切佛國土身自性, sarva-buddha-kṣetrakāya-svabhāva-saṃdarśana)이라는 삼매에 들어간다. 그리하여 모든 대중은 금강장 보살의 몸 속에 들어가서 거기에 나타난 부처님의 국토를 보게 된다. 그러나 부처님의 국토의 광경은 이미 어떤 방법으로도 또 아무리 긴 시일을 소비해도 그 실상을 설명할 수는 없다. 대중은 부처님의 나라를 바라보고 다만 묵연할 따름이다.

이리하여 제10지의 보살은 부처님들을 예배·공양하고 무한한 삼매·지혜의 힘을 얻어서, 끝없이 중생을 위한 활동을 펼치는 것이다.

이상으로 보살의 10지에 대한 설명을 마친 셈이다. 보살이 걷는 길은 참으로 길고도 긴 여정이다. 그 사이에는 산도 있고 골짜기도 있으며, 때로는 건너기 어려운 큰 강물도 흐르고 있다. 보살이 그 한 단계 한 단계를 견디어 낼 때마다 그의 인격은 연마되고 지혜는 깊어지며, 또 행동 반경은 커지고 세계관은 더욱 웅대해진다. 보살이 딛고 넘어온 단계단계는 제1지에서 제10지까지 그 하나하나가 바로 전환을 뜻하는 것이었으나, 다시 한층 주의해 본다면 보살이 실천하는 찰나찰나가 보살로서는 끊임없는 전환이었다고 할 수 있겠다. 그러나 이제 걸어온 길을 돌아볼 때, 보살의 뒤쪽으로는 큰 고개가 몇 시야에 들어온다. 이제까지도 몇 번인가 회고를 시도한 적이 있으므로 자세한 것은 생략하겠으나, 먼저 첫째 고개는 말할 것도 없이 제1 환희지이리라. 보살은 여기서 범부지를 넘어 부처님의 집(진리의 세계)에 태어났던 것이다. 바꾸어 말하면 보살이 보살로서의 면목을 갖추어 처음으로 그 걸음을 떼어 놓았다고 할 수 있겠다. 이 경지에서 자리행·이타행의 근거가 생기고, 그것에 입각하여 이제부터 실천해 갈 무수한 대원이 세워진다. 제2지 이후는 그런 서원의 실현 과정이라고 볼 수 있다.

부처님의 집에 태어난 보살은 제2지에 오자 현실 세계로 돌아옴으로써 인류 생활의 기초 훈련부터 착수한다. 그러나 자리·이타의 실천은 계속 보살의 목표가 된다. 특히 보살은 사회 활동에 손을 대려 하다가, 그 목적을 달성하는 힘은 도리어 해탈의 지혜에서 나와야 함을 깨닫게 되어, 오로지 지혜와 인격의 연마에 마음을 기울인다. 이리하여 보살은 자리·이타의 본격적인 실천을 위해 애쓰는 중에 공(空)의 철저화(제6 현전지)라는 둘째 고개에 이르게 된다. 그 철저화란 주관적 세계와 객관적 세계가 혼연 일체를 이룬 공에 대한 자각을 말한다.

그리고 셋째 고개는 보살 개인의 모든 노력으로부터 해방되어 스스로 이루는(無功用) 부처님의 크나큰 바다에 들어가는 일(제8 부동지)이라고 할 수 있을 것이다. 이 고개는 하늘 높이 치솟아 있어서 보살에게는 가장 어려운 코스였음에 틀림없다. 왜냐하면 제1지에서 제7지까지에 이르는 여정의 전체가 지양됨으로써, 제8지에서는 무공용(스스로 이루는)의 세계로 들어가게 되는 까닭이다. 그리고 제8지 이후에는 오로지 부처님들의 인도를 따름으로써 더욱 깊이 부처님의 세계로 파고든다. 바꾸어 말하면 자리행·이타행의 완전한 실현을 위해 끝없이 나아가는 것이며, 모든 것을 개발해 가는 일체 지지(一切智智)의 세계 속으로 들어간다고 할 수 있다.

제10 법운지는 이와 같은 일체 지지의 경지를 최고도로 실현한 것이다. 그러나 보살의 실천이 법운지에서 끝난 것은 결코 아니다. 그것은 다만 앞으로 끝없이 계속될 보살행을 나타내고 있는 데 불과하다. 다시 근본적으로 반성해 본다면 법운지만이 일체 지지의 경지인 것은 아니다. 제1 환희지에서 이미 보살은 부처님의 집에 태어나 있었던 것이다. 그렇다면 보살의 온 여정은 부처님의 세계를 떠나서는 있을 수 없는 것이 될 터이다. 따라서 제6 현전지·제8 부동지의 고개를 넘는 보살의 전환이 아무리 크다고 해도 그것은 요컨대 보살 자신의 내면적인 문제이며, 사실은 보살의 자각 여부와는 관계없이 원래부터 보살은 완전히 부처님의 세계 속에 들어와 있었던 것이다. 보살은 부처님의 세계 안에서 자리행·이타행이라는 자기 의무를 다해 마지않을 따름이다.

5. 영원한 구도

영원한 구도

마지막으로 보살의 구도 정신에 대해 살펴보고자 한다.

보살(bodhisttva)이란 앞에서도 언급했듯이 깨달음을 추구하는 사람이라는 뜻이다. 그것이 보살 본래의 성질이며 자격이다. 깨달음을 추구한다는 것은 깨달은 사람이 되고자 힘쓴다는 말이다. 깨달은 사람이란 곧 붓다(buddha)이다. 따라서 붓다(부처)가 되고자 애쓰는 것이 곧 보살의 구도 정신이 된다.

그런데 『화엄경』에서는 붓다라고 하면 으레 일체 제불(一切諸佛)을 말하며, 일체 제불이란 결국 비로자나불을 가리킨다. 앞에서도 말했듯이 비로자나불이란 빛의 부처라는 뜻이거니와, 그렇다고 특별한 세계를 가리키는 것이 아니라 바로 현실 세계·우주 자체·자기 자신이 바로 비로자나불인 것이다. 그것이 현실 자체인데도 불구하고 우리는 그것을 의식하지 못하고 있다. 여기에 우리 자신의 천견이 있고 미혹이 있는 것이겠다. 비로자나불이란 그런 우리를 싸고 있는 세계 자체이며 끝없는 광명의 바다이다. 우리는 언제나 비로자나불의 세계에 있으면서도 그것을 자각하려고 하지 않을 뿐이다.

이에 대해 보살이 부처가 되고자 노력하는 것은 알고 보면 부처님 속에서 부처님에 의해 지탱되고 재촉받으면서 끝없이 도를 구하는 일이다. 보살의 구도는 부처님의 세계를 실현코자 하는 노력이며, 바꾸어 말한다면 자리행(스스로 깨닫고자 함)과 이타행(남을 깨닫게 하고자 함)의 실천이다. 따라서 중생이 존재하는 한 보살의 구도는 끝나는 법이 없다. 그것은 부처님의 세계를 실현해 나가는 영원의 구도라 할 수 있다.

이러한 보살의 정신이 『화엄경』의 마지막 장 입법계품(入法界品)에 나타나 있다. 그것은 선재(善財, sudhana)라는 소년, 즉 선재 동자가 구도하는 이야기이다.

여기서 잠깐 제2장 「부처님의 세계」로 돌아가 보자. 거기서는 비로자나불의 세계를 나타내고자 갖가지 각도에서 논리를 전개한 끝에 그 화룡점정으로서 보장엄 동자의 보리심이 열거된다. 결국 비로자나불의 세계를 매듭짓는 것은 보리심(깨달음을 구하는 마음)이라는 것이다. 그리고 이 경우 등장한 것이 보장엄이라는 소년이다.

그런데 이제 입법계품에서도 선재라는 소년이 구도의 대표자이다. 보살의 구도 정신은 가장 전형적으로 소년의 몸에 응결해 있는 것이라고 할 수 있을까?

여기서 시험삼아 선재 동자가 도를 구하고자 가르침을 받은 사람들을 생각해 보자. 그 수효는 세는 방식에 따라 차이가 나기도 하지만, 흔히 53명이라고 헤아려지고 있다. 그 53명의 내용을 보면 다음과 같다.

"보살 4명 · 비구 5명 · 비구니 1명 · 재속의 여신자(우바이) 4명 · 바라문 2명 · 출가 외도 1명 · 선인 1명 · 신 11명 · 왕 2명 · 장자 10명 · 의사 1명 · 배 만드는 대목 1명 · 부인 2명 · 여인 1명 · 소년 4명 · 소녀 3명"

이들은 선재 동자가 도를 구하고자 가르침을 받은 사람들이며, 불교에서는 이런 사람들을 선지식(善知識)이라 부른다. 즉 바른 도를 설하여 미혹한 이를 깨닫게 하는 사람을 말한다.

그런데 이 53명 중에 보살이나 비구 · 비구니 또는 재속의 여신자가 끼어 있는 것은 수긍이 간다. 이런 사람들은 불교를 믿고 구도 생활을 하고 있는 이들이므로 저마다 자기 입장에서 불도에 통달할 수도 있는 까닭이다. 그러기에 선재 동자가 이들을 선지식이라 여기고 도를 물은 것은 근거 있는 일이라 하겠다. 그러나 53명 모두가 이런 불교 관계자인 것은 아니다. 그 중에는 왕 · 장자 · 의사 따위 완전한 속인도 끼어 있고, 소년 · 소녀와 같은 어린 사람까지 들어 있다. 더구나 불교 측에서 외도(外道)라 하여 배척하고 경멸해 온 바라문 · 출가 외도 · 선인 같은 사람도 들어 있다. 게다가 여인 1명도 사실은 매춘부였다고 한다.

이렇게 볼때 선재 동자가 선지식이라 우러러 가르침을 청한 사람은 불교 관계자에게만 한정되어 있지 않다. 불교 이외의 사람들에게도 도를 물었던 것이다. 그러면 소년이 선지식이라 하여 상대를 택한 기준은 어디에 있었던 것일까? 그것은 말할 것도 없이 그 사람이 도에 통달해 있어서 자기를 깨닫게 할 수 있느냐 하는 점에 있었을 터이다.

소년은 오직 이 기준만을 바라보면서 구도를 계속한다. 그 밖의 조건들은 일체 무시된다. 비록 상대가 소년·소녀이든, 왕·장자·의사·배 만드는 대목이든, 또 남자이든 여자이든, 비록 매춘부이든 다른 종교에 속하는 사람이든, 성별·신분 계급·종교 따위의 차이는 일체 불문에 붙인다. 소년은 오직 상대가 도에 이르러 있기만 하면 머리를 숙여 가르침을 청했던 것이다.

도를 구해 마지않는 순수한 마음과 열렬한 추구력, 그리고 또 도를 위해서라면 세속의 모든 조건을 돌보지 않는 대담한 정신은 역시 소년의 특권인 것일까? 이리하여 그는 남으로 남으로 여행을 계속하면서 한 사람 한 사람에게 도를 묻는다.

우선 보리심을 일으킨 선재 동자는 지혜의 대표자인 문수 보살로부터 가르침을 받고 격려되어서 최초로 공덕운(功德雲) 비구라는 선지식을 찾아간다. 이 비구는 가락국(可樂國)의 화합산(和合山)에 산다. 소년은 산 속을 헤매며 며칠을 찾던 중에 마침 그 비구가 산봉우리를 고요히 거닐고 있는 것을 보게 되어, 곧 나는 듯이 달려가서 비구를 예배하고 보살의 길에 대해 묻는다. 비구는 소년에게 다음과 같이 말한다.

"얼마나 훌륭한 일인가, 소년이여! 그대는 보리심(궁극의 깨달음을 구하는 마음)을 일으키고 이제 또 보살도(道)에 대해서 물었다. 그러나 이것은 매우 어렵다.

나는 요행히 해탈의 힘에 의해 청정한 지혜의 눈을 얻었다. 이 눈으로 나는 무수한 부처님들을 우러러 뵙고 있다. 이를테면 부처님의 국토를 정화하는 염불 삼매를 얻음으로써 모든 국토에 계신 부처님들을 뵙고, 또 무괴 경계(無壞境界)의 염불 삼매를 얻음으로써 모든 곳에서 부처님들을 뵙고, 또 적정(寂靜)의 염불 삼매를 얻음으로써 한 찰나 사이에 모든 경계의 모든 여래가 열반에 들어가심을 뵙고, 또 미세의 염불 삼매를 얻음으로써 한 개의 털구멍 속에서 모든 부처님들이 궁극의 깨달음을 성취하시는 모양을 뵙고, 또 정심(淨心)의 염불 삼매를 얻음으로써 스스로의 마음이 투명해져서 저절로 모든 부처님들을 뵙고, 또 허공과 같은 염불 삼매를 얻음으로써 여래의 몸이 두루 온 세계를 비추시는 것을 뵙고 있다." 〈入法界品〉

이 공덕운 보살의 설법을 보면 무수한 염불 삼매에 대해 말하고 있거니와, 그것은 염불 삼매가 무수히 있다기보다 오직 하나인 염불 삼매가 보살에게 부처님의 여러 가지 의미와 갖가지 세계를 나타내 보인다는 사실을 표현하고 있다. 왜냐하면 부처님이란 무수한 일체 제불이며, 필경 그것은 끝없는 비로자나불 자체인 까닭이다.

공덕운 비구는 선재 동자에게 염불 삼매의 가르침을 설하고

나서,

　"내가 얻고 있는 것은 오직 이런 염불 삼매뿐이며, 그 밖의
원만 청정한 보살에 이르러서는 도저히 나의 미칠 바가 못 된
다."

고 말하고 다시 남쪽 해문(海門)에 있는 해운(海雲) 비구니를 찾
아가라고 이른다. 소년은 염불 삼매의 가르침을 듣고 기쁨을 이
기지 못하여 공덕운 보살을 예배하고 그 둘레를 몇 번인가 돈 다
음, 이별을 애석해 하면서 남쪽을 향해 떠난다. 소년은 가르침
받은 염불 삼매를 마음에 새기면서 해운 비구의 처소에 닿는다.
　해운 비구는 소년에게 다음과 같이 설했다.

　"소년이여! 나는 해문국에 머물기 12년, 항상 대해를 내 경계
로 하여 대해를 관찰해 왔다.
　대해는 무량 무변하고 매우 깊어서 그 밑을 헤아릴 수 없다.
대해에는 무량한 물이 모이고, 그곳은 무량한 보배에 의해 장
엄(미화)되며, 그 물은 불가사의한 은빛 빛깔을 나타낸다. 나는
이렇게 감탄의 소리를 질렀다.
　'대체 이 바다보다도 넓고, 바다보다도 깊고, 바다보다도 장
엄된 것이 이 세상에 다시 있을 것인가!'
　그때 바다 밑으로부터 묘법(妙法)의 연꽃이 저절로 떠올랐
다. 그 꽃은 말로 나타낼 수 없는 무수한 보배로 장식되어 있었

254

고, 그 꽃 위에는 한 분의 여래께서 결가부좌하고 계셨다.

이윽고 여래께서는 그 오른손을 뻗어 내 머리를 쓰다듬으시고 보안경(普眼經)을 설해 주셨다.

그것은 여래만의 경계(경지·세계)여서, 모든 세계를 비추고, 모든 세계를 섭취하고, 모든 악마를 복종시키고, 모든 중생을 기쁘게 할 수 있는 것이었다.

나는 이 보안경을 부처님에게서 들은 다음 빠뜨림 없이 이를 수지(받들어 지님)하고, 항상 사유하고 또 염하고 있다.

내가 알고 있는 것은 오직 이 한 법(진리)뿐이다. 그 밖의 바다처럼 끝없는 불법에 대해서는 나는 아는 바가 없다.

소년이여! 다시 남쪽 해안국에 가서 선주(善住) 비구를 찾아보라."

소년은 마찬가지로 그 비구를 예배하고, 그 가르침을 마음에 새기면서 남으로 떠난다.

이리하여 소년은 한 사람 한 사람의 선지식을 만날 때마다 가르침을 받은 다음 새 선지식을 찾아 나서곤 한다. 어느 선지식이나 소년의 보리심을 칭찬하고 자기 가르침을 설해 주고 나서는, 이는 다만 한 법에 지나지 않는바 무량한 진리의 대해는 도저히 자기가 마칠 바 못 된다고 하면서 다음에 찾아갈 사람을 일러 주는 것이다.

아홉번째 찾아간 것은 바라문이다. 바라문은 말할 나위 없이 불교에서 본다면 외도이다. 그 바라문은 소년에게 무엇을 가르칠까?

그때 마침 바라문은 온갖 고행을 거듭하면서 일체의 지혜를 구하고 있다. 그 근방 일대에는 시뻘겋게 불이 타고 있고 그 불속에는 칼산(刀山)도 솟아 있다. 바라문은 소년의 물음에 대답한다.

"소년이여! 만일에 그대가 이 칼산에 올라가 거기로부터 불속에 몸을 던진다면 그대의 활동은 모두가 청정해지리라."

이를 들은 소년은 생각한다. 인간으로 태어나기는 어렵고, 태어난다 해도 불법을 듣기는 더 어렵고, 들을 수 있더라도 그를 체득하기란 더욱 어렵다. 그런데 바라문은 나에게 불로 뛰어들라고 한다. 이것은 어쩐 일일까? 그는 악마의 사자가 아닐까? 사실은 선지식도 아니면서 다만 그런 체하고 있는 것은 아닐까?

그때 갖가지 종류의 무수한 신들이 나타나서 소년의 잘못을 깨우쳐 준다. 이 바라문은 몸소 가지가지 고행을 성취함으로써 우리를 교화하여 궁극의 지혜를 얻게 했던 것이라고.

소년은 크게 놀라고 또 매우 기뻐하여 바라문을 예배하면서 사죄한다. 그때 바라문은 이렇게 타이른다.

"깨달음을 구하고자 하는 사람은 선지식의 가르침에 따라 모든 의혹을 제거하고 마음을 오로지하여 공경하고 삼가야 한다. 그리하여 바른 도를 실천하여 사물의 진상을 알게 된다면 반드시 궁극의 깨달음에 이르게 될 것이다."

소년은 곧 칼산에 올라가 불 속에 몸을 던진다. 그리하여 아직 공중에 있을 때 보살의 안주 삼매를 얻고, 불 속에 떨어지자 조명(照明) 삼매를 얻는다. 그리고 나서 말한다.

"성자여, 참으로 이상합니다. 이 칼산이나 불도 내 몸에 닿을 때 아주 상쾌하고 편안한 기분이 듭니다."

그래서 바라문은 자기가 얻은 것은 오직 이 무진 법문뿐이지만, 보살의 세계는 끝없이 넓다고 하면서 다음 차례에 찾아갈 선지식을 일러 준다.

소년은 이처럼 차례차례 선지식을 찾아다닌 끝에 쉰 한 번째로 미륵에게 온다. 미륵은 maitrī(慈)라 하여 다음 생애에서 붓다가 될 것이 약속되어 있는 보살이다.

미륵 보살은 대중에게 소년의 구도심이 뛰어난 것을 극구 칭찬한다. 이 소년은 마음이 꿋꿋해서 오로지 진실한 불도를 구하기 위해 노력 정진하고 있으며, 정직심에 의해 불퇴전의 경지에 도달했다. 항상 정법을 수행하여 게으름이 없고, 머리의 불을 손으로 치듯이 진리를 구해 마지않는다. 이 소년처럼 대승의 법을 배우는 사람은 매우 드물 것이라고.

그리고 미륵 보살은 보리심의 중요성에 대해 소년에게 자세히 설명해 준다.

"착하고 착하다, 소년이여! 그대는 보리심(궁극의 깨달음을 구하는 마음)을 일으키고, 오직 일체의 불법을 구했으며, 일체 중생을 위하여 일하고, 또 그 중생을 구하고 지켜 주고 있다.

보리심은 일체 제불(一切諸佛)의 씨이다. 일체의 불법이 거기에서 생기니까.

보리심은 대지이다. 일체의 세간(세계·사회)을 지탱해 주니까.

보리심은 청정한 물이다. 모든 번뇌의 때를 씻어 주니까.

보리심은 큰 바람이다. 어떤 것으로도 막을 수 없으니까.

보리심은 활활 타오르는 불꽃이다. 모든 사견(邪見)과 애욕을 사르니까.

보리심은 맑은 햇빛이다. 일체 중생을 두루 비춰 주니까.

보리심은 맑은 눈이다. 정사(正邪)의 도를 환히 분별하니까.

보리심은 문이다. 모든 보살로 하여금 실천 속으로 들어가게 하니까.

보리심은 인자한 어머니이다. 온갖 보살을 길러 내니까.

보살은 큰 바다이다. 모든 공덕을 받아들이니까.

……

소년이여! 보리심은 이런 무량한 공덕을 성취하므로 모든 부처님과 모든 보살의 공덕과 동등하다. 왜냐하면 보리심에 의해 모든 보살은 실천으로 발을 들여 놓고, 삼세의 부처님들은 이것에 의해 깨달음을 완성하기 때문이다.

소년이여! 만일 그대가 이 큰 다락 안으로 들어간다면 그대는 곧 보살행을 배워 무량한 공덕을 구비하게 되리라."

소년이 다락 문이 열리도록 기원하자, 미륵 보살은 오른 손가락을 퉁겨서 문을 열어 준다. 그리하여 소년은 다락 안으로 들어간다.

다락 속은 무수한 보배로 장식되어 있으며 마치 허공을 보는 듯 광대하다. 소년은 다락의 불가사의한 장엄을 보고 크게 기뻐한다. 그리고 그의 마음은 유연(柔軟)해지고, 온갖 망상과 어리석음과 장애가 없어진다. 그는 공경하고 삼가며 예배한다. 거기서 소년은 미륵 보살의 신통력에 의해 스스로 자기의 몸(眞身)을 본다. 또 금으로 된 방울에서 나는 불가사의한 음색을 듣자 스스로 보리심이 일어나며 헤아릴 수 없는 기쁨 속에서 온갖 삼매에 들게 된다.

이윽고 소년은 쉰 두 번째로 다시 문수 보살에게 돌아온다. 문수는 말할 것도 없이 대지(大智)·대해(大解)의 대표자이며, 소년이 처음 구도의 여행을 떠날 때 격려해 주던 보살이다.

문수 보살은 오른손을 뻗어 소년의 머리를 쓰다듬으며 신심(信心)이 얼마나 소중한지를 일러 준다.

"착하고 착하다, 소년이여! 만약 신심을 떠난다면 마음은 근심이나 뉘우침으로 가득 차 버리고, 게을러져서 작은 공덕으로도 만족하게 된다. 따라서 작은 선(善)에 집착하기 때문에 보살행은 일어나지 않고, 선지식에 의해서도 수호되지 않으며, 또 여래에 의해서도 보호되지 않는다. 진리의 근원을 캔다든지 진리 자체를 체득한다든지 하는 일은 모두 할 수 없게 된다."

그리고 마지막 쉰 세 번째로 소년은 보현 보살에게 찾아온다. 보현 보살은 문수 보살과 병칭되는 대비(大悲)·대행(大行)의 보살이다.

보현 보살은 때마침 여래 앞 연화 사자좌(부처님의 자리)에 앉아 대중에게 둘러싸여 있다. 그 마음은 마치 허공 같아서 무엇에도 집착하지 않고, 온갖 세계에 들어가서 중생을 교화하고 있는 것이다. 또 보살은 하나하나의 털구멍으로부터 무수한 광명을 발하여 널리 세상을 비추고, 또 모든 중생의 괴로움을 제거하며 보살의 실천을 양성해 주고 있다.

보현 보살은 소년에게 다음과 같이 말한다.

"소년이여! 나는 아득한 무한의 과거로부터 오로지 깨달음을 구해 왔다. 무수한 부처님들을 뵙고 보리심을 일으켰으며, 공양·예배를 게을리하지 않았다. 그리고 부처님들 밑에서 배운 바 정법(正法)을 수지(受持)하여 아직 한 번도 잊은 적이 없었다.

소년이여! 그대는 잠시 나의 청정한 법신(빛깔도 형태도 없는 부처님의 자체)을 관찰하라. 그렇게 하면 그대는 반드시 내 청정한 몸 안에 태어날 수 있으리라."

청정한 법신이란 말할 것도 없이 끝없는 비로자나불 자체이다. 그때 소년은 보현 보살의 하나하나의 털구멍 속에 무수한 부처님들이 충만하며, 또 하나하나의 부처님마다 무수한 대중을 이끌고 계시는 것을 본다. 또 소년은 보살이 무수한 부처님의 화신(化身)을 만들어 내어 중생을 교화함으로써 궁극의 깨달음을 얻고자 발심하게 하는 것을 보게 된다.

보현 보살은 끝으로 소년에게 다음과 같이 설한다.

"부처님의 청정한 법신은 어떤 세계와도 견줄 수가 없다. 일체의 세간을 초월하고 유(有)·무(無)를 떠나 있기 때문이다.

마치 꿈 같고 공중의 그림 같으며 그 본성은 허공과 비슷하다. 비록 바다의 물방울 수효를 셀 수는 있다 해도, 또 대허공을 헤아릴 수는 있다 해도, 부처님의 공덕은 이루 다 말하지 못할 것이다.

이 법을 듣고 기뻐하여 믿고 의심하지 않는 사람은 속히 궁극의 깨달음을 완성하여 부처님들과 동등하게 되리라."

이로써 선지식의 방문은 모두 끝난다. 따라서 입법계품이 끝나고, 『화엄경』 전체가 끝난다. 그러나 이것은 소년의 구도가 끝났음을 뜻하는 것은 아니다. 그렇기는커녕 마지막 선지식인 보현 보살은 소년에게 주는 최후의 설법에서, 부처님의 법신을 믿고 의심하지 않는다면 빠른 시일 안에 궁극의 깨달음에 도달하리라고 예언하고 있는 것이다. 오히려 소년에게는 이 최후의 설법이 궁극의 목표로 향하는 새 출발점이 된다고 볼 수 있다. 결국 선재 동자의 새 출발이 『화엄경』의 끝맺음이 되어 있다고 하겠다.

우리는 긴 시간 동안 『화엄경』의 세계를 들여다본 끝에 이제 책을 덮으려 하고 있다. 돌이켜 보건대 『화엄경』의 설법은 극히 비근한 일상 생활로부터 끝없이 펼쳐지는 형이상(形而上)의 영역에 이르기까지, 또 무한의 과거로부터 무한의 미래에 이르기까지, 또 시방(十方)에 끝없이 벋어 가는 전 공간을 포용하여 전개되는 영원의 세계관이다. 이 세계관은 우리네 보살의 자각과 실천에 의해 끝없이 심화됨으로써 그대로 비로자나불과 연결되어 있다. 자각과 실천이라는 점에서 본다면 쉬운 것으로부터 생각도 못 미칠 곤란한 보살행까지 포함되어 있거니와, 그러나 그 전체를 일관하고 있는 것은 본론에서 자주 강조되고 또 보현 보살이 선재 동자에게 마지막 설법에서 깨우쳐 준 바 신심(信心) 그것일 줄 안다.

『화엄경』에서 설해진 보살행에 아무리 어려운 자각과 실천이 포함되어 있다 할지라도, 그것을 일관하고 있는 비로자나불에 대한 신심은 우리에게도 실천의 가능성이 있는 문제가 아닐 수 없다. 선재 동자에게 그것이 새로운 출발점이 된 것처럼 우리에게도 또한 희망에 넘치는 새 항해의 나침반이 되어 줄 터이다.

■ 후기

『화엄경』의 문헌에 대해 간단히 적어 두자.

경전의 이름은 산스크리트로는 *Buddha −avataṃsaka −nāma −mahāvaipulya −sūtra*(화엄이라 부르는 광대한 경전)이며, 한역은 『대방광불화엄경(大方廣佛華嚴經)』이라 하는데 이를 줄여서 흔히 『화엄경』이라 한다. 『화엄경』의 완전한 텍스트는 한역에 두 가지, 티벳 역에 한 가지가 있다. 산스크리트 원본으로는 완전한 텍스트가 없고, 현존하는 것은 「십지품」과 「입법계품」뿐이다.

이를 기록하면 다음과 같다.

한역

1) 불타발타라(Buddhabhadra, 359~429) 역, 50권(뒤에 교정을 거듭해서 60권). 60화엄 · 구역 화엄경 · 진경(晋經)이라고도 부른다.

2) 실차난타(śiksā nanda, 652~710) 역, 80권. 80화엄 · 신역 화엄경 · 당경(唐經)이라고도 한다.

또 이 밖에 반야(Prajñā) 역의 40권(798년 번역)이 있어서, 40화엄 · 정원경(貞元經)이라고도 하나, 이는 끝머리의 「입법계품」에 해당한다.

산스크리트 원문

1) 십지품(또는 십지경)

J. Rahder : *Dasabhūmika −sūtra*, Paris, 1926

R. Kond　: *Daśabhūm īśvaro nāma Mahāyāna − sūtra*, Tokyo, 1936.

2) 입법계품

D. T. Suzuki : *Gaṇḍavyūha − sūtra*, Kyoto, 1949.

3) 티벳 역

Tr. Jinamitra, Surendrabodhi, Ye − ses sde, etc. *Saṇs − rgyas phal − poche shes − bya − ba śin − tu − rgyas − pa chen − pohi mdo*.

『화엄경』은 구역에서는 7처(處) 8회(會) 34품(品), 신역에서 7처 9회 39품으로 이루어져 있다. 처는 설법의 장소이고 회는 모인 수효이며 품은 장(章)과 같다. 제1 적멸도량회와 제2 보광법당회는 지상에서의 모임이요, 제3 도리천회와 제4 야천궁회 · 제5 도솔천궁회 · 제6 타화자재천궁회는 모두 천상에서 있은 일이어서, 설법이 진행됨에 따라 모이는 장소도 차차 하늘로 옮겨지고 있다. 제7은 다시 지상의 보광법당회요, 마지막 제8도 지상의 서다림(逝多林)회 즉 기원정사에서의 모임이어서, 여기에서 「입법계품」이 설해진다. 그러나 『화엄경』이 처음부터 이런 형태를 이루고 있었던 것은 아니다. 각 품이 독자적으로 행해지다가 세월이 흐르면서 차츰 하나로 정비되는데, 그 마지막 정리는 서북인도나 중앙 아시아에서 이루어진 것으로 보인다. 각 품 중 가장 일찍 성립한 것은 십지경(품)으로 대개 개원 1세기경으로 여겨진다. 그것에 이어 몇 개의 품이 떼를 지어 내려오다가 마지막으로 정비된 것은 3세기 무렵으로 생각된다.